石原洋子の
おさらい料理教室

石原洋子

JN040633

はじめに

自宅で料理教室を主宰して、いつの間にか45年以上が経ちました。
料理教室では、月ごとに和風、洋風、中華風があり、毎回コース仕立てで料理をご紹介しています。

生徒さんは何十年も通ってくださっている方がほとんどで、ベテラン主婦の方ばかりです。
なので、なるべく今までに紹介していない新しい料理を、意外性のある組み合わせを……と思ってきました。
でも、あるとき気づいたのです。長年、料理を作っている方だからこそ、素材の下ごしらえが自己流になっているかもしれないなぁと。

私が料理の中で大切にしているのが、素材の下ごしらえです。
実はここにおいしさの秘密が隠れていると思っています。
素材の臭みを取り除いたり、おいしさを引き出す工夫をすることで、いつもの料理がぐんとおいしくなります。

料理の手順にも、なぜそうするか、ひとつひとつ理由があります。
それがわかれば、省いていいこと、かけるべき手間がわかります。
なんとなくやっていたことでも、理由がわかればやり方が変わり、料理の味も違ってきます。

この本では、今さら人に聞けない「素材の下ごしらえ」や「料理の素朴なギモン」をご紹介しました。
いつもの料理をもっとおいしく作りたい！と思っている方にぜひ手に取ってほしいと思います。

石原洋子

この本の使い方
● 小さじ1 = 5㎖、大さじ1 = 15㎖、カップ1 = 200㎖です。● 火加減は特に表示のない場合は「中火」です。
● 野菜の「洗う」「皮をむく」「ヘタを取る」などは省略しています。● レシピ上の「しょうゆ」は濃口しょうゆ、
「塩」は自然塩、「小麦粉」は薄力粉です。● レシピ上の「だし」は、昆布と削り節でとった和風だしのことです。
市販のだしの場合は、表示通りに溶いて使用を。ただし、塩分を含んでいるものもあるので、その場合は塩の
量を控えてください。● 電子レンジの加熱時間は600Wの目安です。500Wの場合は、加熱時間を1.2倍に、
700Wの場合は0.8倍を目安にしてください。● オーブンは予熱してからお使いください。● 電子レンジ、オ
ーブンは取扱い説明書の指示に従い、様子を見ながら調整してください。● レシピ上の「フライパン」は直径
26㎝のもの、「小さめのフライパン」は22㎝のものを使用しています。

PART 1

下ごしらえを
おさらい

Q1 塩少々、塩1つまみって？

「塩少々」は「ほんの少し」の意味ではありません。料理用語では、「塩少々」(この本では「少量」としています)は親指と人差し指の2本でつまんだ量、「塩1つまみ」は親指、人差し指、中指の3本でつまんだ量のこと。ただし、塩の種類や指の大きさによっても分量が違ってきます。この本では「塩は自然塩」を使用し、目安量を「塩少々(少量)＝0.5g」「塩1つまみ＝1g」としました。自分の指2本、指3本が何gあるかを調べておくのもおすすめです。

塩少々
(この本では「少量」)
は2本指で。

塩1つまみは
3本指で。

Q2 にんにく、しょうがの1かけはどのくらい？

にんにくはぽろりと分かれる1片のこと。個体差がありますが、料理本の「1かけ」は皮つきで7〜8gのことと覚えておきましょう。しょうが1かけは親指の第一関節くらいで、皮つき10g(正味8g)です。ちなみに、にんにくのみじん切りもしょうがのみじん切りも小さじ1は3〜4gです。

にんにく1かけ(右)
しょうが1かけ(左)

にんにくの
みじん切り
小さじ1＝3〜4g

しょうがの
みじん切り
小さじ1＝3〜4g

Q3 しょうがの皮って、むく？ むかない？

煮豚やゆで豚、蒸し鶏など、臭み消しにしょうがを使う場合(食べない場合)は皮つきのままでいいでしょう。せん切りやみじん切りにしてしょうが自体を食べるときは、皮をむきましょう。皮をむく場合は、包丁でむいてもスプーンなどで削ってもOKです。ただし、しょうがの香り成分は皮の部分に多いので、包丁でむく場合もできるだけ薄くむきましょう。

スプーンのつぼ(すくう部分)を持ち、皮をこそげる。

Q4 ねぎのみじん切りの大さじ1ってどのくらい？

約10gです。ねぎの太さにもよりますが、長さにすると約3cm分です。ねぎ10cmは約30gです。ねぎのみじん切りの方法は本のカバーのソデに掲載しているので、そちらも参考にしてください。

長ねぎのみじん切り
大さじ1＝約10g

Q5 野菜の洗い方を教えて！

A 外気に触れて育つ野菜は、
きれいに洗って使うのが鉄則ですが、その方法は野菜によってさまざま。
特徴的な洗い方をする野菜を選んでご紹介します。

かぶ

皮はむかず、こすり洗いする。メラミンスポンジなら汚れがよく落ちる。茎の根元に汚れが詰まっているので、水にしばらくさらして根元を広げ、竹ぐしで汚れをかき出す。

きのこ

洗うと香りや味が落ち、変色するので洗わない。マッシュルームなど表面に汚れがあるものは乾いたペーパータオルでふく。しめじやしいたけは、かさをたたいて汚れを落とす。

里いも

タワシで皮をこすり洗いし、汚れを落とす。濡れていると、ぬめりが出て滑って皮がむきにくいので、ざるにのせて表面をよく乾かしてからむくとよい。

チンゲン菜

根元に土や汚れがある場合があるので、縦半分に切り、水につけておいて根元の汚れを取る。流水をあてながら、根元の間の汚れを洗い流してもよい。

ほうれん草・小松菜

根元には土や汚れがたまっているので、十字に切り込みを入れ（p.10）、水につけてしばらくおき、根元を開くようにして土を落とす。葉は水の中でふり洗い。

ブロッコリー

花蕾（上の部分）の間に汚れが詰まっていることがあるので、小房に分けて水にしばらくさらし、流水ですすぐ。虫や残留農薬も取り去ることができる。

野菜はどこまで食べられるの？

A 野菜はなるべく捨てる部分を少なくし、おいしく食べきりたいですよね。
野菜によっては、今まで捨てていた皮や軸なども食べられるものもあります。

アスパラガス

根元1〜2cmのかたい部分を切り落とし、根元近く5cm長さくらいのかたく筋っぽい部分はピーラーなどで薄く皮をむく。三角形のハカマは食べられるが、好みで取り除いてもよい。

きのこ

先端のかたくて汚れがついている石づき部分だけを切り落とす。軸の部分は、炒めもの、煮ものなどはつけたまま切り、みじん切りにする場合は軸もかさ同様にみじん切りに。

キャベツ

葉の中央の三角の軸の部分は葉から切り離し、薄切りにして残さず調理に使う。加熱すると甘くておいしい。ロールキャベツのときは、肉だねと一緒に葉で巻いて残さず食べる。

ごぼう

以前は皮をこそげて使うのが一般的だったが、ごぼうは皮の部分に香りやうまみがある。そのため、皮はタワシでこすってきれいに洗えばOK。

春菊

生で食べる場合は、葉を摘んで使い、軸は残すことも多かったが、太い軸も斜めに薄く切って調理する。加熱する場合は、葉と一緒に刻んで使用することも。

皮

ブロッコリー

茎の部分は皮がかたく筋っぽいが、皮を厚めにむけば料理に使える。茎の部分を花蕾から外し、まな板に立てておき、上から下に切り落とす方法なら簡単。

Q7 野菜の基本の下ごしらえを教えてください。

A 野菜にはそれぞれの特徴に合わせた下ごしらえがあります。
下ごしらえをすることで、口当たりがよくなったり、苦みがとれたり。
特に覚えておいてほしい下ごしらえをご紹介します。

アボカドの種取り

包丁で縦にぐるりと切り込みを入れ、ひねって半分にし、大きめのスプーンを差し込んで種を取る。この方法なら危険が少ない。

オクラの産毛取り

ガクをぐるりとむいたら、表面に塩少量をつけてこすって産毛や汚れを落とし、水洗いする。

ゴーヤのワタ取り

縦半分に切り、スプーンでワタと種をくり抜く。ワタも種も食べられるが、苦みが強い。

ほうれん草の根元

根元の先だけを切り落とし、十字に切り込みを入れると食べやすい。根元の汚れも落ちやすい。

ミニトマトの湯むき

ヘタを取り、お玉にのせて熱湯にさっとつけ、皮がめくれたら引き上げて皮をむく。

もやしのひげ根取り

白くビヨーンと伸びているのがひげ根（写真下の方）。ちぎって取り除く。黄色い芽の部分はそのままでよい。

Q8 切ったら水にさらす野菜、さらさない野菜は？

A 野菜を切って水にさらす理由は、大きく分けて3つあります。
① 変色防止、② 辛みなどを抜くため、③ シャキッとさせるためです。
これらが必要ない野菜もたくさんあります。

ごぼう

変色防止のため、切ったら水に
さらす。ただし、長時間さらす
と香りもうまみ抜けるので、さ
らすのは5分程度。

じゃがいも

今のじゃがいもはアクが少ない
ので、加熱する直前に切れば水
にさらさなくても大丈夫。

玉ねぎ

サラダなど生で食べる場合は、
切ったら水にさらして辛みを抜
く。シャキシャキさせる効果も。

なす

アクが強い野菜なので昔は水に
さらしていたが、加熱直前に切
れば水にさらす必要なし。

れんこん

切ったら水にさっと通すだけで
OK。表面のでんぷん質を取り、
変色するのを防ぐ。

りんご

変色防止に切ったらすぐに水に
さらす。かつては酢水やレモン
水にさらすといわれていたが、
水で十分。

Q9 料理に合わせた、豆腐の水きり方法を教えて！

厚みを半分にすると水けが早くきれる。

A 「軽く水きり」「しっかり水きり」「もっとしっかり水きり」の3種類を覚えておきましょう。どの場合も方法は同じで、おいておく時間を変えるだけ。厚みを半分に切り、ペーパータオルで包んでおけばOKです。厚みを半分に切っておくのは、切り口から水分を出やすくするため。豆腐を厚い状態で料理に使いたいときは、その料理に合わせて切ります。いずれにしても、切ってからペーパータオルに包んだほうが早く水けがきれます。

ペーパータオルで包む。

料理に合わせて切ってから、ペーパータオルで包む場合も。

軽く水きり
10分おく

料理例
白あえ、豆腐ハンバーグ、
豆腐サラダなど

しっかり水きり
20分おく

料理例
いり豆腐、チャンプルー、豆腐カツ、
ぎせい豆腐、豆腐チャーハンなど

もっとしっかり水きり
40分おく

料理例
飛竜頭、竜田揚げなど

豆腐カツ

削り節を混ぜたパン粉が香ばしい！

材料（2人分）
豆腐（もめん）…… 1丁（300g）
塩 …… 小さじ$\frac{1}{4}$
衣
　小麦粉 …… 適量
　溶き卵 …… 1個分
　パン粉 …… カップ$\frac{1}{2}$
　削り節 …… 2袋（6g）
揚げ油 …… 適量
キャベツ（せん切り）…… 1〜2枚（100g）
練りがらし …… 適量

1 豆腐は8等分に切り、しっかり水きりする（左記参照）。

2 衣のパン粉と削り節を混ぜる。

3 **1**の豆腐の水けをペーパータオルでふき、塩をふり、衣の小麦粉、溶き卵、**2**を順につける。

4 揚げ油を170℃に熱して**3**を入れ、2分揚げて返し、さらに1分30秒揚げる。香ばしく色づいて中まで熱くなったら器に盛り、キャベツ、練りがらしを添える。練りがらし小さじ$\frac{1}{2}$、マヨネーズ大さじ2、しょうゆ大さじ$\frac{1}{2}$を混ぜたものもおすすめ。

Q10
油揚げの油抜き方法は？
また、どんなとき？

熱湯は片面だけでなく、両面にかける。

A

煮ものに使う場合は、ざるにのせて両面に熱湯をかけるといいでしょう。油で炒めるときには、ペーパータオルで表面の油をふく程度でOKです。

炒めるときは、ペーパータオルでふく。

Q11

厚揚げも油抜きを
したほうがいいの？

A

炒めもの、煮ものにするときは、ペーパータオルではさんで表面の油をふきます。焼くと油が落ちるので、焼いてそのまま食べる場合はふかずに使って大丈夫。

ペーパータオルでふくだけで十分。

Q12

こんにゃくの臭みが
気になります。

A

最近、スーパーで見かけるものはほとんどが下ゆで済のものです。なので、そのまま使ってもOKですが、気になる場合はもう一度ゆでましょう。切ったり、スプーンでちぎったら水からゆで、沸騰したらざるにあげます。

切って、水からゆでる。

大根と油揚げの煮もの

油揚げから、だしのうまみが
ジュワ〜ッと広がります。

材料（2人分）
大根 …… 大1/3本（500g）
油揚げ …… 2枚（80g）
だし …… カップ2
A｜酒、みりん、しょうゆ …… 各大さじ11/2
　｜砂糖 …… 大さじ1/2

1 大根は2〜3cm厚さの半月切りにする。油揚げ
　 は油抜きし（左記参照）、手にはさんで水けをしっ
　 かりきり、4等分の三角形に切る。
2 鍋にだし、大根を入れ、ふたをして中火にかけ、
　 煮立ったらAで調味し、油揚げを加え、落とし
　 ぶたをする。再び煮立ったら弱めの中火で30
　 〜40分煮て、大根がやわらかくなったらでき
　 上がり。

厚揚げのひき肉詰め焼き

ひき肉を詰めたら、
厚揚げがメインおかずに昇格！

材料（2人分）
厚揚げ …… 2枚（400g）
肉だね
　豚ひき肉 …… 100g
　長ねぎ（みじん切り）…… 1/3本（大さじ3）
　酒、片栗粉 …… 各大さじ1
　塩 …… 小さじ1/3
しょうがじょうゆ
　しょうゆ …… 大さじ1
　しょうが（すりおろす）、砂糖 …… 各小さじ1/2

1 厚揚げは油抜きして（左記参照）半分に切り、厚
　 みに切り込みを入れる。
2 ボウルに肉だねの材料を入れてよく練り混ぜ、
　 4等分にして1の切り込みに詰める。
3 フライパンに2を入れ、ふたをして弱めの中火
　 で5分ほど焼き、返して5〜6分焼き、中まで火
　 を通す。器に盛り、混ぜたしょうがじょうゆを
　 添える。

Q13 乾物のもどし方を教えてください！

A 乾物と一言でいっても、そのもどし方はさまざま。それぞれのもどし方をご紹介します。

ひじき

さっと洗い、たっぷりの水に30分つけてもどし、ざるにあげて流水で洗う。サラダなどそのまま食べる場合は、この後熱湯に通し、さっと洗って水けをきる。

切り干し大根

さっと洗い、たっぷりの水に10分つけてもどし、ざるにあげて水けを絞る。歯ごたえを残したい場合は、よく洗って熱湯をかけてほぐしてざるにあげ、粗熱がとれたら水けを絞る。

春雨

耐熱ボウルに入れ、沸騰した湯をたっぷり加え、2〜5分おいてもどす。ざるにあげて水洗いし、水けをよくきる。加熱調理には緑豆春雨がおすすめ。

きくらげ

さっと洗い、たっぷりの水に30〜40分つけてもどす。水中でもみ洗いし、あれば石づきを除く。そのまま食べる場合は、もどしてから熱湯でさっとゆで、流水で洗って水けを絞る。

高野豆腐

たっぷりの湯（50℃）につけ、浮かないように小皿などをのせ、5分おいてもどす。やわらかくなったら、水の中で軽く押し洗いし、水けを絞る。

干ししいたけ

さっと洗い、料理に合わせた分量の水につけ、浮かないように小皿などをのせ、冷蔵庫で3〜4時間以上（できれば一晩）おいてもどす。うまみが出たもどし汁は煮ものなどに使う。

ひじきとこんにゃくの煮もの

こんにゃくの食感がアクセントのヘルシー煮。

材料（2人分）
芽ひじき …… 20g
こんにゃく …… 小$\frac{1}{2}$枚（80g）
さつま揚げ …… 小3枚（80g）
サラダ油 …… 大さじ1
A┌ 酒、みりん、しょうゆ …… 各大さじ1$\frac{1}{2}$
 └ 砂糖 …… 大さじ$\frac{1}{2}$

1 ひじきはもどし（左記参照）、こんにゃくは長さ半分、厚み半分の短冊切りにする。水からゆでて、煮立ったらざるにあげる。さつま揚げはペーパータオルにはさんで油をふき、2mm厚さに切る。

2 フライパンにサラダ油を熱し、こんにゃくを入れて1分ほど炒め、ひじき、さつま揚げを順に加え、そのつどさっと炒める。油がまわったら、Aを記載順に加え、煮汁がほとんどなくなるまで炒め煮にする。

高野豆腐と小松菜のとろみ炒め

高野豆腐を中華風の炒めもので味わうレシピ。

材料（2人分）
高野豆腐 …… 2枚（約30g）
干ししいたけ …… 4枚（15g）
小松菜 …… $\frac{1}{2}$束（100g）
サラダ油 …… 大さじ1
A┌ 酒 …… 大さじ1
 │ 塩 …… 小さじ$\frac{2}{3}$
 │ 砂糖 …… 小さじ$\frac{1}{2}$
 └ こしょう …… 少量

水溶き片栗粉
┌ 片栗粉 …… 小さじ2
└ 水 …… 小さじ4
ごま油 …… 小さじ1

1 干ししいたけはカップ1$\frac{1}{2}$の水でもどし（左記参照）、軸を落としてひと口大のそぎ切りにする。高野豆腐はもどし（左記参照）、薄切りにする。

2 小松菜は4〜5cm長さに切り、茎と葉先に分ける。

3 フライパンにサラダ油を熱し、**1**を炒め、全体に油がまわったら**2**の茎を加え、さっと炒める。しいたけのもどし汁に水を足してカップ1$\frac{1}{2}$にして加え、煮立ったらA、**2**の葉先を加えてひと煮し、水溶き片栗粉でとろみをつけ、ごま油を回し入れる。

台湾風卵焼き

切り干し大根のシャキシャキ感がおいしさの秘密。

材料（2人分）

卵 …… 2個

切り干し大根 …… 20g

細ねぎ …… 1/4束（25g）

桜えび …… 3g

塩、こしょう …… 各少量

ごま油 …… 大さじ2

酒 …… 大さじ1

1 切り干し大根はもどし（p.16参照）、5〜6cm長さに切る。細ねぎは4〜5cm長さに切る。卵は割りほぐし、塩、こしょうを混ぜる。

2 小さめのフライパンにごま油大さじ1を熱し、切り干し大根を入れ、弱めの中火で炒める。油がまわったら酒をふって炒め、細ねぎを加え、しんなりしたら桜えびを加えてさっと炒め合わせる。

3 **2**のフライパンにごま油大さじ1を足してなじませ、卵液を流し入れ、全体を混ぜて2分ほど焼く。香ばしい焼き色がついたら返し、もう片面を1分ほど焼く。

ヤムウンセン

タイの春雨入りボリュームサラダ。

材料（2人分）

春雨 …… 45g

きくらげ …… 大さじ2（6g）

赤玉ねぎ …… $\frac{1}{6}$個（30g）

赤パプリカ …… $\frac{1}{5}$個（30g）

香菜 …… 1株

ピーナッツ（皮なし、ロースト）…… 10粒

牛切り落とし肉 …… 100g

たれ

　ナンプラー、砂糖 …… 各大さじ1 $\frac{1}{2}$

　レモン汁 …… 大さじ2

　赤唐辛子（種を取り、みじん切り）…… 1〜2本

1 春雨はもどし（p.16参照）、食べやすい長さに切る。きくらげはもどし（p.16参照）、細切りにする。赤玉ねぎ、赤パプリカは縦薄切りにする。香菜の葉は3cm長さに切り、茎は小口切りにする。ピーナッツは粗く刻む。

2 ボウルにたれの材料を入れ、混ぜる。

3 牛肉はひと口大に切る。鍋に熱湯を沸かし、塩少量（分量外）を入れ、牛肉をほぐしながらゆでる。色が変わったらざるにあげて水けをきり、**2**に入れ、**1**を加えてあえる。

Q14 かきって、どうやって洗うの？

A ボウルに海水程度の濃度の塩水（水1ℓに対して塩大さじ2＝30g、3％）を入れ、かきを入れてやさしく混ぜるようにし、表面やヒダの間に入った汚れを取ります。片栗粉をからめて洗う方法もありますが、うまみを取りすぎる心配も。洗ったら、ペーパータオルでしっかり水けをふいてください。

塩水でやさしく洗う。

Q15 えびの下処理方法は？

A まず、殻の節の間に竹ぐしを入れ、背ワタを取り、殻をむきます。その後は冷水でやさしくふり洗いし、ペーパータオルでしっかり水けをふけばOK。中華料理などでは、殻をむいて背中から切り込みを入れて背ワタを取る方法も。こうすると火が通ったときに背中がくるりとめくれ、仕上がりがきれい。むきえびは、あれば背ワタを取り、冷水でやさしくふり洗いして、水けをふきます。

背ワタ取りは、節の間に竹ぐしを入れて引き抜く。

背中から包丁を入れて開き、背ワタを取る方法も。

水の中でやさしく洗う。

Q16 あさりの砂抜きがうまくいきません。いつもジャリジャリしてしまいます……。

A 砂抜きするときは、あさりをリラックスさせるのがポイントです。そのためには以下のように砂抜きするといいでしょう。①塩水を海水程度の塩分濃度にする（水1ℓに対して塩大さじ2＝30g、3％）。②吐いた砂を再び吸わないように、あさりが半分顔を出すくらいの塩水に平らに入れる。③新聞紙などをのせて暗くする。この状態で1時間ほどおき、殻同士をこすり洗いし、殻の汚れを取ります。

塩水は、あさりが半分顔を出すくらい。暗くしてリラックスさせる。

かきのチーズパン粉焼き

チーズの香ばしさが、かきを引き立てる！

材料（2人分）

かき（加熱用）…… 8〜10個（150g）

塩、こしょう …… 各少量

衣

　小麦粉 …… 適量

　溶き卵 …… 1個分

　パン粉 …… カップ$\frac{1}{2}$

　パルメザンチーズ …… 大さじ2

　パセリ（みじん切り）…… 大さじ$\frac{1}{2}$

オリーブ油 …… 大さじ2

サラダ菜 …… 適量

1 かきは洗い（左記参照）、ペーパータオルで水けをふき、塩、こしょうをふる。

2 バットにパン粉を手で細かくして入れ、パルメザンチーズ、パセリを加えて混ぜる。

3 **1**のかきに小麦粉、溶き卵、**2**の順に衣をつける。

4 フライパンにオリーブ油を熱し、**3**を入れて中火で2分ほど焼き、きれいな焼き色がついたら返し、もう片面も2分ほど焼いて中まで火を通す。器に盛り、サラダ菜を添える。

卵入りえびチリ

おなじみのピリ辛味に、卵でマイルドさをプラス。

材料（2〜3人分）

むきえび …… 150g

卵 …… 2個

長ねぎ（みじん切り）…… 大さじ2

にんにく、しょうが（各みじん切り）…… 各小さじ1

A┌ 酒 …… 小さじ1
　└ 塩 …… 少量

B┌ 塩、こしょう …… 各少量

合わせ調味料

　┌ トマトケチャップ …… 大さじ3　酒 …… 大さじ1
　│ 砂糖 …… 大さじ2/3　しょうゆ …… 大さじ1/2
　│ 水 …… カップ1/2　片栗粉 …… 小さじ1
　└ こしょう …… 少量

サラダ油 …… 大さじ2

片栗粉 …… 大さじ1/2

豆板醤 …… 小さじ1/2

1 むきえびは下処理し（p.20参照）、**A**をからめる。ボウルに卵を割りほぐし、**B**を混ぜる。合わせ調味料は混ぜる。

2 フライパンにサラダ油大さじ1を強めの中火で熱し、**1**の卵液を入れて大きく混ぜ、半熟状に炒めて取り出す。むきえびは片栗粉をまぶす。

3 **2**のフライパンをきれいにしてサラダ油大さじ1を熱し、にんにく、しょうがを中火で炒め、香りが出たら豆板醤を加えて炒める。香りが出たらむきえびを加えてさっと炒め、合わせ調味料、長ねぎを加えて混ぜる。むきえびに火が通り、煮立って薄くとろみがついたら**2**の卵を加え、ひと混ぜする。

あさりとアスパラのピリ辛酒蒸し

あさりのだしを吸ったアスパラがおいしい。

材料（2人分）
あさり …… 1パック（200g）
グリーンアスパラガス …… 1束（200g）
にんにく（つぶす）…… 1かけ
赤唐辛子（種を取る）…… 小1本
サラダ油、酒 …… 各大さじ1
ナンプラー …… 小さじ½
こしょう …… 少量

1 あさりは砂抜きする（p.20参照）。アスパラガスは根元
1cmを切り落とし、下側5cmの皮をむき、4～5cm長さに
切る。

2 フライパンにサラダ油、にんにく、赤唐辛子を入れて中
火にかけ、香りが出たら**1**を入れ、さっと炒める。

3 酒をふり、ふたをして中火で蒸し煮にする。あさりの殻
が開いたら、ナンプラー、こしょうで調味する。

23

Q17 魚がさばけません……。

A いわし、いか、あじのさばき方だけ覚えておけば十分です。
あとはお店に頼みましょう。それぞれのさばき方をご紹介します。

いわしの手開き

うろこを取る

尾のほうから頭のほうに向け、包丁の先でうろこをこそげ取る。

頭を落とす

頭を左に、腹側を手前にしておき、胸びれの下に斜めに包丁を入れ、頭を切り落とす。

内臓を取る

腹側を手前に、頭側を右にし、腹側に包丁を入れ、包丁の先で内臓をかき出す。流水できれいに洗い、ペーパータオルで水けをふく。

開く①

腹側を手前にし、片手の親指を中骨の真ん中あたりにあてて中骨と上身の間にぐっと差し込み、頭がついていたほうに向けて開いていく。

開く②

そのまま親指を尾に向けて下ろし、尾のつけ根まで開く。

中骨をはずす

中骨を尾に近いところで折り、尾の近くの身を手で押さえながら、尾側から頭側に向けて少しずつはずす。その後、腹骨を包丁でそぎ取る。

いかをおろす

内臓を引き抜く

胴の中に指を入れ、足のつけ根と胴のくっついている部分をはずす。足を持ち、ワタを破らないようにゆっくりと引き抜く。

軟骨を取る

胴の中に残っている軟骨も引き出し、取り除く。

エンペラをはずす

エンペラ（三角形の部分）と胴の先端のついている部分をはずし、エンペラを静かに引いて胴からはずす。一緒についてきた皮をそのままそっとはがす。

胴の皮をむく

③でむけた皮の端を引き、全体の皮をむく。滑りやすいので、ペーパータオルを使うとよい。

足をワタから切り離す

目の上に包丁を入れ、ワタを切り離す。

目とくちばしを取る

ボウルに水をはって足を入れ、目を取り、足のつけ根をくるりと返し、くちばしを取る。水の中なら、目がつぶれたときにも汚れがとび散らない。足は先を切り落として2〜3本ずつにし、吸盤をそぎ取る。

あじの三枚おろし

頭を落とす

頭を左に、腹側を手前にしておき、胸びれの下に斜めに包丁を入れ、頭を切り落とす。

内臓をかき出す

腹側を手前におき、腹に切り込みを入れ、内臓をかき出す。血合いに浅く切り込みを入れ、流水できれいに洗う。ペーパータオルで水けをしっかりふく。

切り込みを入れる①

頭がついていたほうを左、腹側を手前におき、腹側から切り込みを入れる。中骨と身の間を滑らせるように、尾のほうから頭のほうに向けて切り込みを入れる。

切り込みを入れる②

背側を手前にし、③同様に中骨と身の間を滑らせるように、頭のほうから尾のほうに向けて切り込みを入れる。

上身を切り離す

そのまま中骨の上に深く包丁を入れ、頭のほうから尾のほうに向けて包丁を入れ、上身を切り離す。

二枚おろしのでき上がり

切り離した身と中骨つきの身に切り分けることを「二枚おろし」という。

下身に切り込みを入れる

腹側を手前において中骨と身の間に切り込みを入れる。次に背側を手前にして切り込みを入れ、下身を中骨から切り離す。

三枚おろしのでき上がり

尾のところで身を切り離す。身が2枚、中骨1枚にすることを「三枚おろし」という。

腹骨をそぎ取る

包丁を斜めにして腹骨のきわにあて、骨に沿って動かし、そぎ取る。もう1枚も同様に。

小骨を抜く

中骨があった辺りを指でさぐりながら、小骨を骨抜きで取る。頭のほうに向かって引くとよい。

皮をむく

頭から皮をむき、少しむけたら尾に向かって一気に引く。刺し身やたたきのときに。

ぜいごを取る

あじの皮についている、うろこが変形したかたいものが「ぜいご」。塩焼き、揚げものなど皮をむかずに使う場合は取る。尾の近くから包丁を寝かして入れ、頭に向かってそぎ取る。

※加熱しないで食べる場合、アニサキスが心配なら、-20℃で48時間以上冷凍する。

いわしのつみれ焼き

ほんのりみそが薫る、居酒屋のつまみ風。

材料（2〜3人分）
いわし …… 4尾分（400g・正味200g）
A┌ しょうが（すりおろす）…… 小さじ1
 │ 玉ねぎ（みじん切り）…… 1/4個（50g）
 │ みそ …… 大さじ1
 │ 塩 …… 少量
 └ 片栗粉 …… 大さじ1 1/2
青じそ …… 8枚
片栗粉 …… 適量
サラダ油 …… 大さじ1

1 いわしは手開きにし（p.24参照）、縦半分に切り、背びれと尾を取り除く。適当な大きさのぶつ切りにする。Aを記載順に加えながら包丁でよく叩いてミンチ状にし、混ぜる。

2 青じその裏面に片栗粉をふり、**1**を8等分にしてのせ、平らに形作る。

3 フライパンにサラダ油を熱し、**2**を青じそ面を下にして並べ、弱めの中火で2分ほど焼く。きれいな焼き色がついたら返し、さらに2分ほど焼いて中まで火を通す。

いかとじゃがいものペペロンチーノ

カリホクッのポテトとプリッといかのおいしいコンビ。

材料（2人分）
するめいか …… 1ぱい（350g・正味200g）
じゃがいも …… 2個（300g）
A┌ 赤唐辛子（種を取る）…… 1本
 └ にんにく（つぶす）…… 1かけ
オリーブ油 …… 大さじ2
塩 …… 小さじ⅓
粗びき黒こしょう …… 少量

1 いかはおろして皮をむき（p.25参照）、胴は1cm厚さの輪切り、エンペラは縦1cm幅に切り、足は先を切り落として2〜3本ずつにし、吸盤をそぎ取る。

2 じゃがいもは7〜8mm厚さの半月切りにし、耐熱皿に入れ、ラップをふんわりかけて電子レンジで4分加熱する。

3 フライパンにオリーブ油大さじ1½、Aを入れて弱火で熱し、**2**の水けをふいて入れ、弱めの中火できつね色になるまで7〜8分炒める。途中、赤唐辛子、にんにくが焦げそうになったら取り出す。塩の半量をふり、取り出す。

4 **3**のフライパンにオリーブ油大さじ½を熱し、**1**を強めの中火でさっと炒め、**3**のじゃがいも、赤唐辛子、にんにくを戻し入れて手早く炒め、残りの塩、粗びき黒こしょうで調味する。

あじの刺し身サラダ

あじの刺し身を洋風に食べたいときに。

材料（2人分）

あじ（刺し身用）…… 1〜2尾分（正味150g）

玉ねぎ …… 1/4個（50g）

セロリ …… 1/3本（50g）

ベビーリーフ（またはサラダ菜類）…… 50g

塩 …… 少量

ドレッシング

> 塩 …… 小さじ1/4
> こしょう …… 少量
> しょうゆ …… 小さじ1
> レモン汁 …… 大さじ1/2
> オリーブ油 …… 大さじ1 1/2

1 あじは三枚におろして皮をむき（p.26参照）、塩をふって冷蔵庫で30分ほど冷やす。

2 玉ねぎは縦薄切り、セロリは縦半分に切って斜め薄切りにし、ベビーリーフと共に冷水に3分ほどさらし、ざるにあげて水けをよくきる。

3 **1**は斜め1.5〜2cm幅のそぎ切りにする。

4 ボウルにドレッシングの材料を入れて混ぜ、**2**、**3**を加えてあえる。

Q18 切り身魚の臭いが気になります……。

A たらのように水分が多い魚は、下処理をしてから調理するといいでしょう。まず、パックから出したら、魚の表面の水分をペーパータオルでふきます。次に塩少量をふり、30分ほどおきます。すると、浸透圧により魚に含まれる水分が出てきます。この水分には、魚の臭みも含まれるので、水分を洗い流します。最後にペーパータオルで水けをふき取ります。

表面をペーパータオルでふいたら、塩少量をふる。

30分後。表面に水分が出てくる。

さっと洗って塩を流し、ペーパータオルで水けをふく。

たらとじゃがいもとあさりの蒸し煮

あさりのだしが全体をまとめてくれます。

材料（2人分）
あさり …… 150g
たら …… 2切れ（200g）
じゃがいも …… 2個（300g）
玉ねぎ …… 1/2個（100g）
トマト …… 1個（150g）
にんにく（つぶす）…… 1かけ
塩 …… 適量
オリーブ油 …… 大さじ1
水 …… カップ1
こしょう …… 少量
白ワイン …… 大さじ3

1 あさりは砂抜きし（p.20参照）、たらは下ごしらえをして（上記参照・夏は冷蔵庫に30分おく）塩1つまみをふり、半分に切る。じゃがいもはひと口大に切り、玉ねぎは4～6等分のくし形切り、トマトは縦6等分に切る。

2 フライパンにオリーブ油、にんにくを入れて弱めの中火にかけ、香りが出たらじゃがいもを入れ、ふたをしてときどき返しながら2～3分蒸し炒めにする。じゃがいもが少し透き通ってきたら玉ねぎを加え、炒める。

3 油がまわったら分量の水を加え、煮立ったらトマト、塩小さじ1/4、こしょうを入れ、ふたをして弱めの中火で15分ほど煮る。じゃがいもがやわらかくなったら、たらを加えて中火でひと煮し、あさり、白ワインを入れ、ふたをする。あさりの殻が開き、たらに火が通るまで蒸し煮にする。

Q19　鶏もも肉の脂ってどれ？

A　皮と身の間にある、黄色い部分が脂です。口当たりが悪く、臭みの原因にもなるので取り除いて調理しましょう。ただし、チキンソテーなど焼いて脂が落ちるものは取り除かなくても大丈夫です。

肉からはみ出した脂や、皮と身の間にある脂を切り取る。

Q20　鶏むね肉が上手に焼けません……。

A　鶏むね肉は厚みが均一ではないので、加熱ムラができやすい素材です。そのため、切り込みを入れたり、切り開いて厚みを均一にしてから加熱しましょう。レンジ加熱するときは深めの切り込みを入れる、野菜などを巻く場合は大きく開く、炒めものや揚げものにするときはそぎ切りにして表面積を広くします。

大きく開く

厚みの部分の厚いほうに深い切り込みを入れる。

切り離さないように、切り開く。

さらに大きく or 薄くしたい場合は、ラップではさみ、めん棒などでたたく。

切り込みを入れる

レンジ加熱する場合は、厚い部分に3〜4cm長さの切り込みを1本入れる。

そぎ切り

肉を横長におき、包丁を寝かせ、手前にそぐように切る。

チーズタッカルビ

チーズをたっぷりからめてどうぞ。

材料（2人分）

鶏もも肉 …… 大1枚（300g）

玉ねぎ …… 1/2個（100g）

にら …… 1束（100g）

キャベツ …… 200g

さつまいも …… 1〜2本（300g）

A
┌ しょうゆ …… 大さじ2
│ 酒、ごま油 …… 各大さじ1 1/2
│ 砂糖 …… 大さじ1
│ コチュジャン …… 大さじ1/2〜1
│ 長ねぎ（みじん切り）…… 大さじ1
│ にんにく、しょうが（各すりおろす）
└ …… 各小さじ1

ピザ用チーズ …… 150〜200g

1 玉ねぎはくし形、にらは5cm長さ、キャベツはひと口大に切る。さつまいもは皮つきのまま乱切りにする。鶏肉は余分な脂を取り除き（左記参照）、ひと口大に切る。

2 ボウルにAを混ぜ、1の鶏肉を加えてもみ込む。

3 フライパンに2を平らに並べ、1のさつまいも、玉ねぎ、キャベツをのせ、ふたをして弱めの中火で20〜25分、ときどき混ぜながら蒸し煮にする。さつまいもがやわらかくなったら、にらを加え、ふたをして2〜3分煮て、ふたを取って全体を混ぜる。

4 3にチーズをのせ、ふたをしてチーズが溶けるまで蒸し煮にする。

アスパラとパプリカの鶏むね肉巻き

みんな大好き肉巻きおかず。お弁当にもぴったり。

材料 (2人分)
鶏むね肉 (皮なし) ⋯⋯ 大1枚 (300g)
グリーンアスパラガス ⋯⋯ 4本 (100g)
赤パプリカ ⋯⋯ 1/3個 (60g)
塩 ⋯⋯ 適量
こしょう ⋯⋯ 少量
サラダ油 ⋯⋯ 大さじ1/2

1 鶏肉は縦半分に切る。それぞれ深い切り込みを入れて大きく開き、めん棒などでたたいて薄くし (p.32参照)、塩少量をふる。

2 アスパラガスは根元1cmを切り落とし、下側5cmの皮をピーラーでむく。パプリカは縦1cm幅に切る。

3 1の鶏肉に2を半量ずつおき、塩少量をふり、端からしっかりと巻いてたこ糸で縛り、塩小さじ1/4、こしょうをふる。もう1つも同様に作る。

4 フライパンにサラダ油を熱し、3の巻き終わりを下にして入れ、ふたをして途中4〜5回、焼き面を動かしながら弱めの中火で10分ほど焼く。ふたを取って水分を飛ばし、焼き色をつける。たこ糸をはずし、1.5〜2cm厚さに切り、器に盛る。

鶏むね肉とピーマンのザーサイ炒め

ザーサイの塩気とうまみが調味料の役目も。

材料（2人分）

鶏むね肉（皮なし）…… 大1/2枚（150g）

ピーマン …… 3個（120g）

ザーサイ（味つけ）…… 30g

しょうが（薄切り）…… 1/2かけ

A┌ 酒 …… 小さじ1
 └ 塩 …… 1つまみ

サラダ油 …… 大さじ1

片栗粉 …… 大さじ1/2

合わせ調味料

┌ 酒 …… 大さじ1
│ しょうゆ、砂糖、ごま油 …… 各小さじ1
└ こしょう …… 少量

1 ピーマンはヘタと種を取ってひと口大に切る。ザーサイは1cm大に切る。鶏肉は薄いそぎ切りにし（p.32参照）、Aをからめる。合わせ調味料は混ぜる。

2 フライパンにサラダ油大さじ1/2を熱し、**1**の鶏肉に片栗粉をまぶして入れ、ほぐしながら中火で炒め、色が変わったら取り出す。

3 **2**のフライパンをきれいにしてサラダ油大さじ1/2を熱し、しょうがを中火で炒め、香りが出たらピーマンを入れて2〜3分炒める。色鮮やかになったら**2**を戻し入れ、ザーサイを加えて炒め、合わせ調味料を回し入れて炒め合わせる。

Q21　レバーの臭みを抜くには？

A　鶏レバーは包丁の先で脂と筋を取り、赤黒い血管があったら一緒に取り除きます。水でさっと洗ってから冷水に20分ほどつけます。レバーペーストにする場合は、脂、筋、血管を取った後、ひたひたの牛乳に一晩つけます。豚レバーは冷水でやさしく洗う程度で大丈夫。

鶏レバー

 →  →

白or黄色い脂、筋を包丁の先で切り取る。　　赤黒い血管も、包丁の先で引き出す。　　流水でさっと洗い、冷水に20分ほどつけ、やさしく洗う。

豚レバー

冷水に入れ、やさしく洗う。水につけておく必要はない。

Q22　砂肝の下処理方法を教えてください。

A　砂肝には中央と両端に白くかたい皮があるので、その部分を切り取ります。裏側にも白い皮がありますが、こちらは比較的薄く、それほど食べにくくありません。取り除いてしまうと食べるところが少なくなってしまうので残しておいてもいいでしょう。裏の薄い皮を残したもの、切り取ったものの両方をソテーしてみましたが、残してあるほうが逆に歯ごたえがあると評判がよいようです。

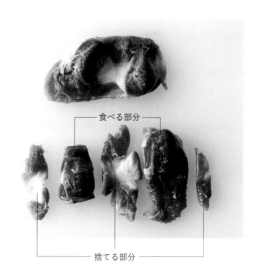

食べる部分

捨てる部分

鶏レバーのしょうが煮

しょうがをたっぷり加えるのがコツ。

材料（2〜3人分）
鶏レバー …… 300g
しょうが（薄切り）…… 2かけ（正味16g）
A ┌ 酒 …… 大さじ5
　 │ しょうゆ …… 大さじ3
　 └ 砂糖 …… 大さじ1 1/2

1 鶏レバーは下処理し（左記参照）、水けをふく。

2 鍋にAを入れて中火にかけ、煮立ったら**1**、しょうがを入れ、落としぶたをして弱めの中火で10分ほど煮る。中まで火が通って味が染みたら落としぶたを取り、煮汁が少なくなるまで中火で煮る。

レバにら炒め

ごはんが進む、スタミナ満点おかず。

材料（2人分）

豚レバー ⋯⋯ 150g

にら ⋯⋯ 1束（100g）

玉ねぎ ⋯⋯ 1/2個（100g）

A ┌ 酒、しょうゆ ⋯⋯ 各大さじ1
　└ しょうが（すりおろす）⋯⋯ 小さじ1

合わせ調味料

　┌ 酒、しょうゆ ⋯⋯ 各大さじ1
　│ 砂糖 ⋯⋯ 小さじ1/2
　└ こしょう ⋯⋯ 少量

片栗粉 ⋯⋯ 大さじ2

サラダ油 ⋯⋯ 大さじ1 1/2

1 豚レバーはひと口大のそぎ切りにして下処理をし（p.36参照）、Aに15分ほど漬け込む。にらは5cm長さに切り、玉ねぎは横1cm幅に切る。合わせ調味料は混ぜる。

2 豚レバーの汁けをふいて片栗粉をまぶす。フライパンにサラダ油大さじ1を熱して豚レバーを入れ、中火で焼く。焼き色がついたら返し、もう片面も焼いて取り出す。

3 **2**のフライパンをきれいにしてサラダ油大さじ1/2を熱し、玉ねぎを入れて中火で炒め、透き通ったら、にらを加えてひと炒めする。**2**を戻し入れ、合わせ調味料を加えて炒め合わせる。

砂肝とねぎの塩炒め

薬味たっぷりが砂肝をおいしくする秘訣。

材料（2人分）
砂肝 …… 130g（正味100g）
長ねぎ …… 1本（100g）
しょうが（薄切り）…… 3〜4枚
ごま油 …… 大さじ1
酒 …… 大さじ½
塩 …… 小さじ⅓
七味唐辛子 …… 少量

1 砂肝は下処理をし（p.36参照）、縦半分に切る。長ねぎは斜め5㎜幅に切る。

2 フライパンにごま油を熱し、しょうがを中火でさっと炒め、砂肝を入れて炒める。色が変わったら長ねぎを加えて炒め合わせ、長ねぎがしんなりしたら酒、塩をふって炒め合わせる。器に盛り、七味唐辛子をふる。

PART 2

調理別のキホンを
おさらい

Q23 炒めものが
うまく作れません……。

A 「炒める」＝「絶えず混ぜる」ことではありません！
混ぜすぎると（触りすぎると）野菜から水分が出て、仕
上がりがベチャッとしてしまいます。「手早く炒める」
の「手早く」も、手を盛んに動かすことではありません。
炒めものの極意は「少しほおっておいて焼きつけ、返
してはまた少しほおっておいて焼く」こと。両手に菜
箸とヘラを持ち、上下を返しながら炒めましょう。

焼きつけて返すを繰り返す。両手使いがポイント！

A いくつかの食材が入る炒めものは、時間差で炒めると
いいでしょう。にんじんなどのかたくて火の通りにく
いものを先に炒めはじめ、葉野菜やもやしなど火の通
りが早いものは後入れに。葉野菜は茎と葉先で火の通
りが違うので、茎を先に入れ、葉先は後入れにします。

にんじんは先入れ、もやし、しいたけは後入れ。

A 火の通りが均一になるように、大きさと厚みを均一に
し、火の通りにくいものは少し小さめに切ります。ま
た、仕上がりをイメージし、シャキシャキとした食感
を残したい場合は繊維に沿って切り、よりパパッと短
時間で作りたいときは繊維を断ち切ります。

食感を残したいときは、繊維に沿って切る。

A 炒めものは段取りが命です。材料をすべて切っておき、
調味料もすべて用意してから炒め始めましょう。合わ
せ調味料はあらかじめ混ぜておくと慌てません。

合わせ調味料は粘度のあるものを先に混ぜ、その
後、酒やしょうゆを混ぜてのばす。

A にんにく、しょうがなどの香味野菜を炒めものに加え
ると、香りが出るだけでなく、味に深みが出ておいし
くなります。具材の数が少ない炒めものに香味野菜を
入れると、ぐっと味が立体的になります。

にんにく、しょうがは両方入れたり、どちらかだ
けでも。

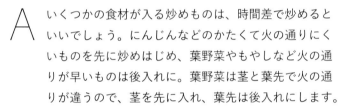

彩り野菜のせん切り炒め

シャキシャキ、サクサク。野菜の食感がリズミカル！

材料（2人分）

豚ロース薄切り肉 100g

もやし ...... 1袋（200g）

ピーマン ...... 大1個（50g）

玉ねぎ ...... 1/4個（50g）

にんじん ...... 1/3本（50g）

しいたけ ...... 3枚（60g）

A ┌ 塩 ...... 少量

　 └ 酒 小さじ1

合わせ調味料

　┌ 酒、しょうゆ 各大さじ1/2

　└ オイスターソース、片栗粉 各小さじ1/2

サラダ油 大さじ1

片栗粉 小さじ1

塩 小さじ1/4

こしょう ...... 少量

1 もやしはひげ根を取り、きれいに洗ってざるにあげる。ピーマンはヘタと種を除き、縦3〜4mm幅に切る。玉ねぎは縦3〜4mm幅、にんじんは5cm長さの3〜4mm幅に切る。しいたけは石づきを落とし、薄切りにする。豚肉は5mm幅に切り、**A**をからめる。合わせ調味料は混ぜる。

2 フライパンにサラダ油を熱し、豚肉に片栗粉をまぶして入れ、ほぐすように中火で炒める。にんじん、玉ねぎを入れてさっと炒め、強めの中火にしてもやし、ピーマン、しいたけの順に加えて炒め、塩、こしょうをふってさっと炒める。

3 カサが減ったら合わせ調味料を加え、炒め合わせる。

回鍋肉

焼き肉用の少し厚めのバラ肉を使うのがポイント。

材料（2人分）
豚バラ肉（焼き肉用）…… 150g
キャベツ …… 1/3個（400g）
にんにく、しょうが（各薄切り）…… 各1/2かけ
サラダ油 …… 大さじ1/2
豆板醤 …… 小さじ1/2
甜麺醤 …… 大さじ1
酒、しょうゆ …… 各大さじ1/2
塩 …… 小さじ1/3
こしょう …… 少量

1 キャベツは大きめのひと口大に切り、軸は薄切りにする。豚肉は5～6cm長さに切る。

2 フライパンに豚肉を広げながら入れて中火で炒め、出てきた脂をペーパータオルでふき取る。サラダ油、にんにく、しょうがを入れて炒め、香りが出たら中央を空け、豆板醤、甜麺醤を入れて炒める。香りが出てきたらキャベツを加えて炒め合わせる。

3 酒、しょうゆを鍋肌から加え、塩、こしょうで調味し、しんなりするまで炒め合わせる。

Q24 卵の炒めものを ふんわり仕上げるコツを教えて！

A ふんわりのコツは、油の量と温度です。次の3つを守りましょう。①多めの油をよく熱し、卵を一気に加える。②卵は火を通しすぎない。大きく2回ほど混ぜたら、取り出す。③卵と具を別々に炒める。卵を半熟状（仕上げたい状態よりも、すこし手前）に火を通して取り出し、具を炒めたところに戻し入れてさっと炒め合わせる。こうすると、好みの加減に仕上げやすいです。

多めの油をよく熱し、卵液を一気に流し入れる。

縁がふくらんできたら、大きく2回ほど混ぜる。

半熟状（仕上がりよりもゆるめ）で器に取り出す。

Q25 チャーハンが パラパラに 仕上がりません……。

ごはんは切るように混ぜると粘りが出てしまうので、フライパンに押しつけて焼くようにして炒めるのがコツです。中華の料理人がお玉の背でごはんを炒めているのを見たことがありませんか？ あのイメージで、シリコン製のお玉の背を使うとうまくいきますよ。

シリコン製のお玉なら、フッ素樹脂加工のフライパンでもOK。

Q26 野菜のシンプルな 炒めものを おいしく作りたい！

野菜は洗ってざっと水けをきり、野菜に少し水分を残したまま炒めるのがポイントです。水分がついた野菜をよく熱した油に入れるとワーッと水蒸気が上がりますが、この水蒸気を利用して野菜に火を通すのです。こうすると野菜がカサカサにならず、焦げる心配もありません。

ワーッと蒸気が上がっているうちに、手早く炒める。

Q27

きんぴらが好きです。
ごぼう以外で
おいしい野菜を
教えてください。

にんじんやピーマン、れんこん、きのこ、さつまいも……。きんぴらの甘じょっぱい味は、どんな野菜にも合いますよ。お好きな野菜で試してください。味つけは、酒、みりん、しょうゆは1：1：1。そこに砂糖を少しと辛みのための赤唐辛子。砂糖の量は好みですが、だいたい酒、みりん、しょうゆの$\frac{1}{4}$〜$\frac{1}{3}$量が目安です。

きんぴらの味つけは、酒：みりん：しょうゆ＝1：1：1＋砂糖、赤唐辛子。

Q28

なすの炒めものを、
油少なめで
作る方法ってある？

なすは油と相性がよく、油と調理するとおいしくなる野菜です。でも、油を吸うのが難点。できるだけ使う油は少なくしたいですよね。それには、以下を心がけてください。①皮目に切り込みを入れる。火の通りがよくなり、油が少なくてすみます。②皮目を下にして焼く。身側を下にすると、スポンジのように油を吸ってしまいます。皮目が鮮やかになるメリットも。③ふたをして蒸し焼きにする。蒸し焼きにすると早く火が通るため、吸い込む油の量が減ります。

斜めに1cm幅の切り込みを入れる。

皮目を下にし、ふたをして蒸し焼きにする。

にら卵

ふわふわ卵ににらの香りがアクセント。

材料（2人分）

にら …… 1束（100g）

卵 …… 3個

サラダ油 …… 大さじ2

酒 …… 小さじ1

塩、こしょう …… 各少量

1 にらは5〜6cm長さに切る。ボウルに卵を割り入れ、塩少量（分量外）を加えて溶きほぐす。

2 フライパンにサラダ油大さじ1を強めの中火で熱し、卵を流し入れ、2回ほど大きく混ぜ、取り出す。

3 **2**のフライパンをきれいにしてサラダ油大さじ1を熱し、にらを入れて強めの中火でさっと炒める。**2**を戻し入れ、鍋肌から酒を回し入れ、塩、こしょうをふって炒め合わせる。

卵とねぎのチャーハン

具材は卵とねぎだけのシンプル味！

材料（2人分）
ごはん（できれば、かため）…… 400g
長ねぎ …… 小1本（80g）
卵 …… 1個
サラダ油 …… 大さじ2
塩 …… 小さじ½
こしょう …… 少量
しょうゆ …… 大さじ½

1 長ねぎは厚めの小口切りにする。ボウルに卵を割り入れ、塩少量（分量外）を加えて溶きほぐす。ごはんは耐熱皿に入れ、ラップをふんわりかけて電子レンジで3分ほど加熱して温める。

2 フライパンにサラダ油大さじ1を強めの中火で熱し、卵を流し入れ、2回ほど大きく混ぜ、取り出す。

3 **2**のフライパンをきれいにしてサラダ油大さじ1を熱し、長ねぎを入れて中火で炒め、油がまわったらごはんを加え、強めの中火にしてお玉の背で押しつけて炒め、**2**を戻し入れる。塩、こしょうで調味し、鍋肌からしょうゆを回し入れ、ごはんがパラッとするまで炒める。

チンゲン菜のにんにく炒め

青菜炒めの基本。
いろいろな野菜でチャレンジを。

材料（2人分）
チンゲン菜 …… 2株（200g）
にんにく（つぶす）…… 1かけ
ごま油 …… 大さじ1
酒 …… 大さじ1
塩 …… 小さじ¼
こしょう …… 少量

1 チンゲン菜はきれいに洗ってざるにあげる。長さを半分に切り、茎は縦6〜8等分に切り、葉先は大きいものは食べやすく切る。

2 フライパンにごま油、にんにくを入れて中火で炒める。香りが出たら強めの中火にし、チンゲン菜の茎を入れてひと炒めし、葉先を加える。

3 鍋肌から酒をふってさっと炒め、塩、こしょうをふって色よく炒める。

れんこんのきんぴら

ピリッと辛みが効いた常備菜。

材料（2人分）
れんこん（細）…… 1節（200g）
赤唐辛子（種を取る）…… 1本
サラダ油 …… 大さじ1
A ［ 酒、みりん、しょうゆ …… 各大さじ1
　　 砂糖 …… 小さじ1

1 れんこんは3mm厚さの輪切り、太いものは半月切りにする。水にさっと通し、ざるにあげて水けをよくきる。

2 フライパンにサラダ油を熱し、赤唐辛子、**1**を入れて中火で3分ほど炒め、れんこんが透き通ってきたら**A**を記載順に入れ、汁けがなくなるまで炒め合わせる。

なすのみそ炒め

なすを相性バツグンのみそ味に仕上げて。

材料（2人分）

なす …… 3本（300g）

赤唐辛子（種を取る）…… 1本

ごま油 …… 大さじ2

合わせ調味料

　酒、みりん、みそ …… 各大さじ1

　砂糖、しょうゆ …… 各小さじ1

1　なすは縦半分に切り、1cm幅に斜めの切り込みを入れ、長さ半分に切る。合わせ調味料は混ぜる。

2　フライパンにごま油、赤唐辛子を入れて中火で炒め、香りが出たらなすを皮目を下にして入れ、ふたをして4〜5分蒸し焼きにする。途中、皮目が色鮮やかになったらときどき返す。

3　なすが完全にやわらかくなったら合わせ調味料を回し入れ、汁けがなくなるまで炒め煮にする。

Q29 ステーキなどの厚い肉を上手に焼きたい！

A まずは、肉を室温にもどしましょう。冷蔵庫から出したての肉を焼くと、表面が焼けても肉の中心が温まりません。厚さ1.5〜2㎝の肉なら、焼く30分ほど前に冷蔵庫から出します。牛肉だけでなく、鶏肉、豚肉も室温にもどしてから焼きます。

A 焼くときは、動かさないで焼きます。むやみに触ると、せっかくの肉汁が出てしまいます。表面が焼きかたまるまでは、動かすのをぐっとガマンしましょう。肉の種類に限らず、ひき肉で作るハンバーグでも同じです。

冷蔵庫から肉を出しておく。

動かさず、触らずに焼く。

A 失敗で多いのが焼きすぎること。焼き過ぎると肉がかたくなってしまいます。

余熱を計算に入れ、牛肉の場合は完全に火が通る手前で取り出します。豚肉は中までしっかり火を通したいけれど、焼きすぎるとパサパサに。表面に水分が上がってきたら返して、もう片面も水分が浮いてくるまで焼きましょう。鶏肉は、皮目を7割方、肉面は3割方焼くと、皮目はパリパリ、中はふっくらに仕上がります。次の焼き時間の目安も参考にしてください。

○**牛ステーキ（1.5〜2㎝厚さ）** → 強めの中火で2分〜2分30秒＋返して1〜2分

（返してからは好みの加減）

○**ポークソテー** → 中火で2〜3分＋返して2〜3分

○**チキンソテー** → 弱めの中火で6〜7分＋脂をふいて1分＋返して2〜3分

豚肉は表面に水分が上がってきたら、返すタイミング。

鶏肉は皮目を下にし、ギュウギュウ押しながら焼く。

→

皮目にこんがりとした焼き色がついたら返し、肉面を焼く。

A 盛りつけるとき上になるほうから焼きます。牛サーロインステーキ肉、豚ロース肉は、脂身を上にした場合に太いほうが左にくるほうが表です。表側から焼くと、盛りつけたときの仕上がりがきれいです。

表側から焼き始める。

サーロインステーキ

家でおいしく焼きたい肉、ナンバー1。

材料（2人分）

牛肉（サーロインステーキ用・1.5〜2cm厚さ）
　　…… 2枚（400g）
塩 …… 小さじ$\frac{1}{2}$
粗びき黒こしょう …… 少量
サラダ油 …… 大さじ$\frac{1}{2}$
フライドポテト（p.96参照）…… 適量
クレソン、粒マスタード …… 各適量

1 牛肉は焼く30分前に冷蔵庫から出し、室温におく。牛肉の表になる面（脂身を上にした場合、太いほうが左にくるほう）に塩、こしょうの半量をふる。

2 フライパンにサラダ油を強めの中火で熱し、**1**の牛肉の表側を下にして入れ、肉の上面に残りの塩、こしょうをふり、2分〜2分30秒焼く。きれいな焼き色がついたら返し、もう片面も1〜2分焼く（焼き加減は好みで）。

3 器に**2**を盛り、フライドポテト、クレソン、粒マスタードを添える。

チキンソテー

パリパリの皮とふっくらの身がおいしい。

材料（2人分）

鶏もも肉 …… 小2枚（400g）

塩 …… 小さじ 2/3

こしょう …… 少量

サラダ油 …… 大さじ 1/2

ベビーリーフ …… 1パック

レモン（くし形切り）…… 適量

1 鶏肉は余分な脂を取り除き、両面に塩、こしょうをふる。ベビーリーフは冷水に3分ほどさらし、水けをきる。

2 フライパンにサラダ油を熱し、**1**の鶏肉を皮目を下にして入れる。落としぶたやフライ返しなどで押さえながら弱めの中火で6〜7分焼く。出てきた脂をペーパータオルでふき取り、さらに1分ほど焼く。きれいな焼き色がついたら返し、身側を2〜3分焼き、中まで火を通す。

3 器に**2**を盛り、ベビーリーフ、レモンを添える。

ポークソテー レモンジンジャーソース

しょうがとレモンの風味が効いたソースが決め手。

材料（2人分）

豚ロース肉（とんかつ用）…… 2枚（240g）

塩 …… 小さじ1/3

こしょう …… 少量

サラダ油 …… 大さじ1/2

レモンジンジャーソース

  バター …… 大さじ2

  しょうが（太めのせん切り）…… 3かけ（30g）

  レモン汁 …… 小さじ1

サラダ菜 …… 適量

1 豚肉は筋切りし（p.54参照）、両面に塩、こしょうをふる。

2 フライパンにサラダ油を熱し、表側を下にして入れてフライ返しなどで軽く押さえながら、きれいな焼き色がつくまで中火で2〜3分焼く。表面に水分が上がってきたら返し、裏面も中火で2〜3分焼く。表面に水分が上がったら火が通った証拠。器に盛る。

3 ソースを作る。**2**のフライパンをきれいにし、バターを入れて弱火で溶かし、しょうがを入れて泳がしながら炒め、細かい泡が出て茶色に色づいたらレモン汁を加える。**2**の肉にかけ、サラダ菜を添える。

Q30 豚肉のしょうが焼きがおいしく作れません。肉は反り返るし、かたくなるし……。

反り返るのは、筋切りがきちんとできていないのが原因です。筋は肉と脂の間にあります。その部分に、表側、裏側からしっかり切り込みを入れます。また、外側の脂部分にも切り込みを入れるといいでしょう。

包丁を立てて刃先でしっかり切り込みを入れる。

かたくなるのは、焼きすぎです。しょうが焼きは焼いてからたれを煮からめるので、焼く段階で中までしっかり火を通す必要はありません。肉は色が変わるまで焼き、たれを加えて肉全体にからめたら肉を取り出します。その後、たれだけを煮詰め、器に盛った肉にかけます。この方法なら、肉に火が通りすぎません。

肉にたれをからめたら、いったん取り出す。たれだけを煮詰め、肉にかける。

やわらかい肉が食べたいなら、ロース肉の中でも肩ロースに近い「リブロース」を使うのも一案です。ロース肉が外側だけに脂があるのに対し、リブロースは肉の間にも脂があるので、加熱してもやわらかい。この部位は「豚ロース肉」として売られていることが多いので、肉の間の脂を目で確認して購入しましょう。

外側だけでなく、肉の間にも脂が入っているのがリブロース。

たれをよくからめるために、粉をまぶします。私はまず、肉の表側だけに粉をふって、その面を下にして焼き、焼いている間に上面に茶漉しで粉をふります。こうすると粉をふってからすぐ焼け、手も汚れません。

肉の裏側には、フライパン上で粉をふるのが石原流。

焼きもの編

54

豚肉のしょうが焼き

ごはんが進むおかずの決定版！

材料（2人分）

豚ロース肉（しょうが焼き用）……6枚（200g）

A ┌ しょうが（すりおろし）、酒、しょうゆ
  └ ……各大さじ1/2

合わせ調味料

┌ 酒、しょうゆ、水 …… 各大さじ1
└ 砂糖、しょうが（すりおろし）…… 各小さじ1

サラダ油 …… 小さじ2

小麦粉 …… 小さじ1

キャベツ（せん切り）…… 1〜2枚（100g）

1 豚肉は筋切りする（左記参照）。

2 バットに豚肉が重ならないように並べ、**A**を混ぜてかけ、2〜3分おく。途中上下を返す。合わせ調味料は混ぜる。

3 半量ずつ焼く。フライパンにサラダ油小さじ1を熱し、豚肉の表側に小麦粉小さじ1/4をふり、その面を下にして並べ、中火で焼く。焼いている間に豚肉の上になっている面に残りの小麦粉小さじ1/4をふる。肉の色が変わり始めたら返し、さっと焼いて取り出す。フライパンをきれいにし、残りの肉も同様に焼く。

4 **3**に取り出した肉を戻し入れ、合わせ調味料を回しかけ、全体にからめる。肉を器に取り出し、残ったたれのみを煮詰める。

5 豚肉にたれをかけ、キャベツを添える。

Q31

照り焼きを
おいしく作るコツは?

A もし、肉や魚がかたくなってしまうなら、それは火の入れすぎです。肉や魚を焼き、たれをからめたら肉や魚を取り出し、フライパンに残ったたれだけを煮詰めて好みの濃度にし、肉や魚にかけましょう。

肉はたれをからめたらすぐに取り出す。

A 鶏もも肉の照り焼きの場合は、肉から出てきた脂をペーパータオルでふき取りましょう。脂をふかずにたれを加えると、脂が邪魔をして肉にたれがよくからまりません。また、食べたときに脂っぽくどい味わいに。面倒でも、この作業をすると味わいがすっきりとします。

鶏肉の脂はペーパータオルで丁寧にふき取る。

A 照り焼きの味つけは酒、みりん、しょうゆ＝１：１：１＋砂糖は好みの量、と覚えておきましょう。和食の甘じょっぱい味はこの割合で作ると、失敗なくおいしく作れます。

酒１：みりん１：しょうゆ１＋砂糖好みの量

最初に酒、みりんを入れてアルコール分をとばし、次にしょうゆ、砂糖を加える。

鶏もも肉の照り焼き

香ばしい香りとツヤが食欲をそそります。

材料（2人分）
鶏もも肉 …… 小2枚（400g）
長ねぎ …… 1本（100g）
サラダ油 …… 小さじ1
たれ
  酒、みりん、しょうゆ …… 各大さじ1 1/2
  砂糖 …… 大さじ1/2
塩 …… 少量

1 鶏肉は余分な脂を取り除く。長ねぎは4cm長さのぶつ切りにする。

2 フライパンにサラダ油を熱し、鶏肉の皮目を下にして入れ、空いているところに長ねぎを加える。落としぶたやフライ返しなどで押さえながら弱めの中火で5〜6分焼く。長ねぎは焼けたら取り出して塩をふる。出てきた脂をペーパータオルでふき取り、きれいな焼き色がついたら返し、身側を2〜3分焼く。

3 **2**にたれの材料を記載順に加え、中火で煮る。肉を返しながらからめ、肉を取り出し、食べやすく切って器に盛る。たれを煮詰めて肉にかけ、長ねぎを添える。

Q32　卵焼きのコツは？　ふっくらと焼くには？

A 下準備で大事なのは、白身をしっかり切ること。卵を割りほ
ぐし、カラザがあったら取り除きます。卵は混ぜるのではな
くボウルの底に菜箸の先をつけ、左右に動かしてほぐします。
ただ、ほぐしすぎるとコシがなくなってふっくらとしないの
で、調味料を加えたら静かに混ぜます。

菜箸をボウルの底につけ、左右に動かし
てほぐす。

A 卵焼き器に油をしっかり塗ることも、成功へのカギです。ま
ず、卵焼き器に油を大さじ1ほど入れて全体に回し広げ、油
をしっかり熱してから、余分な油を器に取り出します。菜箸
の先に卵液をつけて卵焼き器に落とし、ジュッという音がし
て卵がかたまるのを確認してから卵液を入れましょう。また、
卵を焼いている最中も、空いたところにその都度油を塗ると、
卵がくっつかず巻きやすくなります。

菜箸につけた卵液がジュッといったら油
が温まった証拠。卵液を流し入れる。

A 卵焼きを巻くときは、広げた卵液が乾き始めたら巻きます。
完全に乾いてしまうと卵同士がくっつかず、食べたときにも
一体感がありません。逆に、半熟すぎても形がくずれやすく
なります。

巻いた卵を持ち上げ、その下にも卵液を
流し入れる。

A 卵焼きを焼いている最中は、卵焼き器を持ち上げてガス火に
近づけたり、遠ざけたりして火加減します。卵は火の通りが
早いので、ガス火の強弱で火加減を調節していては、あっと
いう間に焦げてしまいます。

卵焼き器を持ち上げて、火加減を調節。

Q33　だし巻き卵を上手に作る方法は？

A 卵液がゆるいだし巻き卵を作るときは、卵焼きを焼くとき以
上に油をしっかり塗りましょう。火加減は卵焼き同様、終始
弱めの中火です。焦がしたくないからと火が弱すぎるとかた
まりません。また、巻くときにはフライ返しを使うのがおす
すめ。ゆるい卵液も扱いやすくなります。

フライ返しで形を整えながら焼く。

卵焼き

基本をマスターしたら、好きな具を入れて。

材料（卵焼き器1台分）
卵 …… 4個
A［ 酒 …… 大さじ1
　 砂糖 …… 大さじ1 ½
　 しょうゆ …… 小さじ1
　 塩 …… 1つまみ
サラダ油、しょうゆ …… 各適量
大根おろし …… 100g

1 ボウルに卵を割り入れ、菜箸で白身を切るように溶きほぐし、Aを記載順に加えて混ぜる。

2 卵焼き器にサラダ油大さじ1を入れて全体に回し、油をよくなじませ、余分な油は小さな器に取り出す（とっておく）。1の卵液をお玉1杯分ほど流し入れて全体に広げ、表面がふくらんできたら菜箸でつついて穴をつぶし、表面が乾き始めたら手前に巻く。奥の空いたところに油を塗り、卵焼きを奥にずらし、手前にも油を塗る。手前に卵液をお玉1杯ほど流し入れ、卵焼きの下にも流し込み、手前に巻く。これを繰り返して焼く。

3 少し落ち着いたら食べやすく切って器に盛り、好みで大根おろしを添え、しょうゆをかける。

だし巻き卵

だしの風味、ふわふわの口当たりが上品な味わい。

材料（卵焼き器1台分）
卵 …… 3個
A［ だし …… カップ ½
　 酒 …… 大さじ1
　 砂糖 …… 大さじ ½
　 しょうゆ …… 小さじ ½
　 塩 …… 少量
サラダ油 …… 適量

作り方
「卵焼き」同様に作る。

Q34 本当においしいハンバーグを作りたい！

A

ハンバーグの肉だねは練りすぎないのがポイント。練りすぎると、練り製品のような食感になってしまいます。全体がまとまるくらいになったら、それ以上は練りません。そのほうが肉感のあるハンバーグになりますよ。

A

玉ねぎは炒めません。炒めると甘くなり、肉だねに加えるとコクが出ます。一方、生のまま加えるとさっぱりとした味わいのハンバーグになります。どちらもそれぞれおいしいですが、炒めた場合は冷ます作業も加わるため、わざわざそのひと手間をかける必要はないのでは？との思いから、生のまま加えるようになりました。

A

卵は入れません。あるとき入れずに作ったところ、入れたときよりもやわらかくジューシーになり、それ以来わが家のハンバーグには卵を入れなくなりました。かまぼこのあのプリッと感は卵白によるもの、と考えると納得です。しかも、入れないほうがより肉感のある味に仕上がり、肉だねが扱いやすい、といいことづくしです。

材料すべてが均一に混ざればOK。

玉ねぎはみじん切りにしたら、炒めない。

焼き締まりを防ぐため、卵は入れない。

Q35 ハンバーグの 生焼けを防ぐには？

A

あらかじめ作っておいたハンバーグだねの肉を冷蔵庫で寝かせ、冷蔵庫から出したてを焼いていませんか？ ハンバーグも肉なので、ステーキ同様、室温にもどしてから焼き始めましょう。

また、焼くときは蒸し焼きにして中までしっかり火を通しましょう（牛ひき肉100％でない限り）。ふたをして弱めの中火で3分ほど焼き、返したら再びふたをして弱火で5〜6分焼きます。その後、火を止めてフライパンにおいたまま1分ほど余熱で火を通すとさらに安心です。

冷蔵庫に入れたら、室温にもどしてから焼く。

ふたをして蒸し焼きにすれば、中までしっかり火を通すことができる。

ハンバーグ

シンプルに肉のうまみを味わう、ハンバーグ。

材料（2人分）
合いびき肉 …… 200g
玉ねぎ（みじん切り）…… 1/3個（70g）
パン粉、牛乳 …… 各カップ1/2
塩 …… 小さじ1/3
こしょう …… 少量
サラダ油 …… 大さじ1/2
ソース
　┌ トマトケチャップ …… 大さじ2
　└ ウスターソース …… 大さじ1
ミニトマト …… 6個
グリーンカールなど …… 適量

1 ボウルに合いびき肉、玉ねぎ、パン粉、牛乳、塩、こしょうを入れ、混ぜ合わせる。

2 **1**を2等分にして小判形に丸め、片方の手にたたきつけるようにして空気を抜きながらハンバーグ形にし（中央はくぼませない）、バットに置く。

3 フライパンにサラダ油を熱し、**2**をバットに接していた面が上になるようにおき（火が通ると膨らむので、平らな面を上にしておくと、それがわかりやすい）、ふたをして弱めの中火で3分ほど焼く。きれいな焼き色がついたら返し、ふたをして弱火にして5〜6分焼く。中央がふくらみ、透明な汁が出てきたら焼き上がり。火を止め、フライパンにおいたまま1分ほどおき、器に盛る。

4 フライパンの汚れをふき、ソースの材料を入れてひと煮し、**3**にかける。ミニトマト、グリーンカールを添える。

Q36 ギョーザを ジューシーに するには？

ギョーザの肉だねは、ボウルに白い跡がつくまでよく練り混ぜましょう。まず、野菜は入れずに調味料だけを加えて練り混ぜます。肉の粘りが出やすく、肉自体もおいしくなります。

塩もみしたキャベツはギュッと絞らず、軽く水けを絞るくらいで肉だねに加えます。キャベツの水分を肉が吸い込み、肉だねがジューシーになるのです。

ボウルに脂の跡が白く残るくらいまで練り混ぜる。

軽く押さえて出てきた水分を捨てるくらいでOK。

Q37 ギョーザの皮が いつも破けて しまいます……。

A 肉だねの詰め込み過ぎかもしれません。ギョーザの皮1枚に、肉だねは約大さじ1が目安です。私のレシピで等分して包むとちょうどよい量になりますよ。ギョーザの皮24枚分なので、肉だねを作ったらボウルの中で平らにして8等分にし、それぞれで3つのギョーザを作るといいでしょう。

肉だねを平らにして8等分にし、その内の1つで3つのギョーザを作る。

約大さじ1ずつ包む。

Q38 ギョーザを 上手に焼く 方法を教えて！

A まず、油を熱したフライパンにギョーザを離して並べ、底に薄い焼き色をつけます。ここで皮を焼きかためることで、破れにくくなります。次に湯をギョーザの高さの半分くらいまで注ぎ、ふたをして蒸し焼きにし、肉だねにしっかり火を通します。最後に、ふたを取って水分をとばすと共にギョーザの底にこんがりとした焼き色をつけるため、4〜5分焼きます。

底を焼き、それから蒸し焼きにする。その後、水分をとばす、の3段階焼き！

焼きギョーザ

カリッとした皮とジューシーな肉がたまらない。

材料（24個分）
ギョーザの皮 …… 1袋（24枚）
豚ひき肉 …… 150g
キャベツ …… 2〜3枚（200g）
にら（みじん切り）…… 1/2束（50g）
にんにく（すりおろす）…… 1/4かけ
しょうが（すりおろす）…… 1/2かけ
A ┌ 塩 …… 小さじ1/2
  │ こしょう …… 少量
  └ ごま油 …… 小さじ1
サラダ油 …… 小さじ1+大さじ1

1 キャベツはみじん切りにしてボウルに入れ、塩小さじ1/2（分量外）をふり、しばらくおいてしんなりさせる。

2 別のボウルに豚ひき肉、**A**を入れ、粘りが出て白っぽくなるまでよく練り混ぜる。**1**のキャベツの水けを軽くきって加え、にら、にんにく、しょうがを加え、よく練り混ぜる。

3 ギョーザの皮の中央に**2**の肉だねを等分にして（約大さじ1ずつ）のせ、皮の縁に水をつけてひだを寄せながら包む。

4 半量ずつ焼く。フライパンにサラダ油小さじ1/2を熱し、**3**の12個を離して並べ、中火で焼く。底に薄く焼き色がついたらギョーザの高さの半分くらいまで湯を注ぎ（約カップ1/2）、ふたをして5〜6分蒸し焼きにする。水分がなくなり、皮が透き通ってきたらふたを取り、サラダ油大さじ1/2を回し入れ、強火にして水分をとばしながら4〜5分、底に焼き目がつくまで焼く。残り半量も同様に焼く。好みのたれ（酢、しょうゆ、ラー油など）をつけて食べる。

Q39
料理初心者でも
上手に作れる
「焼き料理」って
あるの？

A　オーブン料理がおすすめ。耐熱容器や天板に並べたら、予熱したオーブンに入れて焼くだけです。ガス火調理と違い、つきっきりでなくてよく、温度と焼き時間を守れば上手に作れます。

耐熱容器に材料を並べたら、後はオーブンまかせ！

たれに漬け込んだら、後はオーブンの焼き網にのせて。

Q40
オーブン料理の
注意点は？

A　自分のオーブンのクセを知ることが、一番大切です。
まずは本の通りに作り、ご自宅のオーブンが焼き色がつきやすいタイプなのか、つきにくいタイプなのかを知りましょう。焼き時間が残っているのに焦げ色がついてきたら、アルミ箔をかぶせるのもひとつのテ。焼き色がつきにくいオーブンは指定よりも温度を上げてみましょう。また、最近の料理本は電気オーブンを使用した場合の温度と加熱時間を明記しているものがほとんど。ガスオーブンをお使いの場合は、電気オーブンよりも10〜20℃下げて焼くといいようです。オーブン料理は、表面が乾かないようオイルやバター（ときにはソース）をかけて焼くのもポイントです。
※この本のオーブンは、電気オーブンを使用。

チャーシュー

漬け込んだ肉を焼くだけで、ごちそう！

材料（作りやすい分量）
豚肩ロースかたまり肉 ……
　　（10cm×15cm）1本（600g）

漬けだれ
├ 砂糖 …… 大さじ3
├ 甜麺醤 …… 大さじ1
├ しょうゆ …… 小さじ2
├ 塩、酒 …… 各小さじ1
├ 五香粉 …… 少量
├ 長ねぎ（青い部分）…… 10cm
└ しょうがの皮 …… 1かけ分
香菜 …… 適量

1 豚肉は縦2〜3等分に切る。ポリ袋に入れ、漬けだれを入れて袋の上からもみ込み、空気を抜いて袋の口を閉じ、冷蔵庫に8時間以上おく。

2 天板に焼き網をおいて**1**をのせ、230℃に予熱したオーブンで10分ほど焼く。上下を返して漬けだれを塗り、200℃のオーブンで10分ほど焼く。これをあと2回繰り返し（計40分焼く）、竹ぐしを刺して澄んだ汁が出てくればOK。

3 **2**を5mm厚さに切って器に盛り、香菜を添える。

鶏もも肉と野菜のにんにくバター焼き

にんにくとバターの香りが食欲をそそる！

材料（2人分）

鶏もも肉 …… 大1枚（300g）

ズッキーニ …… 1本（200g）

トマト …… 1個（150g）

塩 …… 適量

こしょう …… 少量

にんにくバター

バター …… 大さじ3

にんにく（すりおろす）…… 1/2かけ

ドライパセリ …… 小さじ1

1 鶏肉は余分な脂を取り除き、ひと口大に切り、塩少量をふる。ズッキーニは1cm厚さの輪切り、太いものは半月切りにする。トマトは8等分のくし形に切る。

2 にんにくバターを作る。耐熱容器にバターを入れ、ラップをかけずに電子レンジで約10秒加熱してやわらかくし、にんにく、ドライパセリを混ぜる。

3 耐熱容器に**1**を彩りよく並べ、塩、こしょう各少量をふり、**2**を散らし、230℃に予熱したオーブンで20〜25分、香ばしい焼き色がつき、鶏肉に火が通るまで焼く。

Q41 煮魚をふっくらおいしく作りたい！

A もし魚がパサついているとしたら、それは煮すぎが原因です。魚の煮つけは、煮汁をつけながら食べる料理。魚の中まで味が染みている必要はありません。魚に火が通ったら取り出し、煮汁だけを煮詰め、魚にかけてからめながら食べましょう。

魚に火が通ったら取り出す。　煮汁だけを好みの加減に煮詰める。

A 魚の煮つけの基本は、煮汁を煮立てたところに魚を入れることです。煮立てた煮汁に入れると、魚の表面のたんぱく質が凝固してうまみ成分が閉じ込められ、臭みも出ません。煮汁に魚を入れたら、まずスプーンで煮汁を魚にかけ、煮汁から出ている表面をすばやくかためます。この後、少ない煮汁がまんべんなく回るように、落としぶたをして煮ます。

煮汁が煮立ったら魚を入れる。　スプーンで魚の表面に煮汁をかける。

A おいしい煮汁で野菜を煮てつけ合わせを作ると1品で満足のいく料理になります。小松菜などすぐに煮えるものは魚を入れた後に、ごぼうなどの火が通るのに時間がかかる野菜は魚を入れる前に加えます。細ねぎは、魚を取り出した煮汁に加えてさっと煮ます。

野菜を加えると、一度で二度おいしい。

かれいの煮つけ

煮つけの基本です。魚を替えてアレンジを。

材料（2人分）
かれい …… 2切れ（300g）
春菊 …… 1束（100g）
煮汁
　酒、みりん、しょうゆ …… 各大さじ3
　水 …… カップ⅔
　砂糖 …… 大さじ2

1 かれいはペーパータオルで水けをふく。春菊は4〜5cm長さに切る。

2 小さめのフライパン（直径22cm）に酒、みりんを入れて中火にかけ、煮立ててアルコール分をとばし、残りの煮汁の材料を入れ、再び煮立ったらかれいを並べる。かれいにスプーンで煮汁をかけ、落としぶたをして弱めの中火で6〜7分煮る。

3 かれいにほぼ火が通ったら落としぶたを取り、春菊を加え、中火でさっと煮て取り出す。魚の表面に煮汁をかけながら2〜3分煮て、器にかれい、春菊を盛る。

4 残った煮汁を½量になるまで煮詰め、かれいにかける。

Q42

肉じゃがのじゃがいもが
煮くずれてしまいます……涙。

A じゃがいもは大きさを揃えて切り、にんじんな
どのかたいものは一回り小さく切って煮える時
間を同じくらいにするのがポイントです。
また、「汁を煮詰めていく」肉じゃがのような煮
ものを作るときの煮汁は「ひたひた」（＝具材の
半分がひたっているくらい）から煮始め、煮汁が
1/3量くらいになるまで煮るとちょうどいい煮加
減になります。煮汁の量が多いと水っぽくなり、
じゃがいもが煮くずれる原因に。

にんじんは煮るのに時間がかかるので、じゃがいもよ
り少し小さめに切る。

材料が半分ひたるくらいの煮汁の量から煮始める。

Q43

煮ものの具材に
味が染みません……。

A 落としぶたをしましょう。材料を混ぜなくても
具材に味を染み込ませ、煮くずれるのを防いで
くれます。じゃがいもなど煮くずれやすい具材
を煮るときは、落としぶたはアルミ箔や、オー
ブンシートなどがおすすめ。また、煮ものは冷
めるときに味が染みるので、少し煮汁を残して
（1/3量くらい）火を止めると、余熱で味を煮含
めることができます。

アルミ箔は鍋より一回り小さく切り、中央に穴をあけ
てのせる。

Q44

煮ものの鶏肉を
かたくしない方法は？

A 鶏肉自体を少し大きめに切りましょう。鶏肉は
10分ほど煮ればやわらかくなるので、それ以
上煮る必要のある具材を組み合わせる場合は、
鶏肉は途中で加えるのもひとつの方法です。

1枚300gの鶏もも肉なら、8等分くらいに切る。

Q45

だしがなくても
煮ものは作れますか？

A 作れます。私はほとんどの煮ものにだしを
使いません。コツは、肉や油揚げなどの味
が出る素材を入れること。油で炒めて具材
のうまみを引き出して煮れば、だしを使わ
なくても十分おいしくなります。

鶏肉は焼き目がつくくらいまで炒める。

Q46

アクはどの程度取ったら
いいですか？

A 煮汁が煮立ち、最初に出てきたアクを取り
除いたら、その後はそれほど取らなくて大
丈夫です。アクにはうまみも入っているの
で、取りすぎるとうまみも一緒に捨てるこ
とになってしまいます。

煮立ったときに出てくる濁った泡がアク。

Q47

フライパンでも
煮ものは作れますか？

A もちろん作れます。私はほとんどの煮もの
をフライパンで作っていますよ。直径22
cm、直径26cmで深さがあるフッ素樹脂加工
のフライパンが2つあれば、ほとんどの料
理に対応できます。炒めてから煮る煮もの
なら、鍋よりもフッ素樹脂加工のフライパ
ンのほうが肉がこびりつかず、洗うのもラ
クです。

直径22cm、26cmのフライパンがあれば、大抵のものは作れる。

肉じゃが

じゃがいもがホクホクに煮えたら大成功！

材料（2人分）

牛こま切れ肉 …… 150g

じゃがいも（男爵）…… 2個（300g）

にんじん …… 1本（150g）

玉ねぎ …… 1個（200g）

サラダ油 …… 大さじ1

煮汁

┌ 水 …… カップ1

│ 酒、みりん、しょうゆ …… 各大さじ2

└ 砂糖 …… 大さじ1

1 じゃがいもはひと口大に、にんじんはじゃがいもより小さめのひと口大の乱切りにする。玉ねぎは2cm幅のくし形に切り、ほぐす。牛肉は大きいものは食べやすく切る。

2 フライパンにサラダ油を熱し、じゃがいも、にんじんを入れて中火で2分ほど炒め、玉ねぎを加えて1分ほど炒める。全体に油がまわったら、牛肉を加えて炒める。

3 肉の色が変わったら煮汁の水を加え、煮立ったらアクを取り、煮汁の調味料を記載順に加え、落としぶたをして弱めの中火で10〜15分、じゃがいもがやわらかくなり、煮汁が1/3量になるまで煮る。

鶏もも肉とれんこんの煮もの

鶏肉のうまみを吸った、コリコリれんこんが美味！

材料（2人分）

鶏もも肉 …… 大1枚（300g）

れんこん …… 1本（300g）

サラダ油 …… 大さじ$\frac{1}{2}$

煮汁

| 水 …… カップ$\frac{1}{2}$

| 酒、みりん、しょうゆ …… 各大さじ$1\frac{1}{2}$

| 砂糖 …… 大さじ$\frac{1}{2}$

1 鶏肉は余分な脂を取り除き、ひと口大に切る。れんこんは3cm大の乱切りにし、水にさっと通してざるにあげる。

2 フライパンにサラダ油を熱し、れんこんを入れて中火で炒める。全体に油がまわったら鶏肉を皮目を下にして入れて焼き、色が変わったら返し、身側はさっと色が変わるまで焼く。

3 煮汁の水を加え、煮立ったらアクを取り、煮汁の調味料を記載順に加え、落としぶたをしてときどき混ぜながら、弱めの中火で10分ほど煮る。落としぶたを取り、煮汁が少なくなるまで煮る。

Q48 市販のルゥを使わずに、カレーを作れますか？

A もちろん作れます。市販のルゥを使わないと難しい……と思っている人が多いようですが、実は思いのほか簡単です。一番のポイントは、玉ねぎをよく炒めること。甘みが出るまでじっくり炒めるとコクが出て、深みのある味に仕上がります。強めの中火で焦げないように絶えず混ぜながら、焦げ茶色になるまで炒めましょう。

玉ねぎはこのくらいの色になるまで炒める。

A とろみは小麦粉でつけます。肉、野菜を炒め、カレー粉で辛みと香りをつけたら小麦粉をふり入れ、粉っぽさがなくなるまでよく炒めます。そうしたら水と、甘みと酸味を加えるトマト、調味料を入れて煮込むだけ。多くの油脂を使用している市販のルゥを使ったときよりも重くなく、あっさりしているのも特徴です。カロリーも大幅にダウンできますよ。

 →

カレー粉を加え、炒める。

小麦粉を加え、粉っぽさがなくなるまで炒める。

Q49 おもてなしに向く煮込み料理を教えてください。

A ワインを使った軽い煮込みはいかがでしょうか。時間もかからず、見た目もとってもオシャレですよ。今回紹介する「フリカッセ」は白い煮込みのこと。具材を炒めてワインを加え、生クリームを入れて煮込んだら完成です。

 →

白ワインの風味を加え、煮立ててうまみを残す。

生クリームを加えたら、ひと煮して完成！

豚こまカレー

ときどき無性に食べたくなる、おうちならではのカレー。

材料（2人分）

豚こま切れ肉 …… 200g

玉ねぎ（1cm幅のくし形切り）…… 1個（200g）

にんじん（ひと口大の乱切り）…… 1本（150g）

じゃがいも（ひと口大に切る）…… 2個（300g）

トマト（1cm角に切る）…… 1個（150g）

にんにく、しょうが（各すりおろす）…… 各1かけ

サラダ油 …… 大さじ 1 1/2

カレー粉 …… 大さじ 1 1/2

小麦粉 …… 大さじ3

水 …… カップ3

A｜ 塩 …… 小さじ2

　　こしょう …… 少量

　　トマトケチャップ、しょうゆ、はちみつ …… 各大さじ1

　　ローリエ …… 小1枚

　　りんご（あれば・皮ごとすりおろす）…… 1/4個（75g）

ガラムマサラ …… 小さじ1

温かいご飯 …… 適量

1 フライパンにサラダ油を熱し、玉ねぎを入れて強めの中火で7分ほど炒める。色づいてきたら豚肉を加えて炒め、肉の色が変わったら、にんじん、じゃがいもを加えて1分ほど炒め、全体に油がまわったら、にんにく、しょうがを加えて炒める。

2 カレー粉を加えて炒め、香りが出たら小麦粉を加えて炒める。

3 粉っぽさが消えたら分量の水、トマトを加え、煮立ったらアクを取り、Aを加え、ふたをして弱めの中火で、ときどき混ぜながら15分ほど煮る。野菜がやわらかくなったらふたを取って5分煮て、ガラムマサラを加えてひと煮する。器に盛ったご飯にかける。

鶏肉ときのこのフリカッセ

ワインの風味が効いた、大人味の煮込み料理。

材料（2人分）

鶏もも肉 ⋯⋯ 大1枚（300g）

玉ねぎ ⋯⋯ $\frac{1}{4}$個（50g）

マッシュルーム ⋯⋯ 1パック（100g）

しめじ ⋯⋯ 小1パック（100g）

A⎡ 塩、こしょう ⋯⋯ 各少量

　⎣ 小麦粉 ⋯⋯ 大さじ1

サラダ油 ⋯⋯ 大さじ1

白ワイン ⋯⋯ 大さじ3

生クリーム ⋯⋯ カップ$\frac{1}{2}$

塩 ⋯⋯ 小さじ$\frac{1}{3}$

こしょう ⋯⋯ 少量

1　玉ねぎは1cm四方に切る。マッシュルームは石づきを落とし、縦4等分に切る。しめじは石づきを落とし、小房に分ける。鶏肉は余分な脂を取り除いてひと口大に切り、Aの塩、こしょうをふり、小麦粉をまぶす。

2　フライパンにサラダ油を熱し、鶏肉を皮目を下にして入れ、弱めの中火で色づかないように3分ほど焼き、返す。空いているところに玉ねぎを入れて炒め、しんなりしたらきのこを加えて2〜3分炒める。

3　鶏肉に8割方火が通ったら中火にし、白ワインをふってアルコール分をとばし、ふたをして1分ほど煮る。鶏肉に火が通ったら生クリームを加え、塩、こしょうをしてひと煮する。

Q50 とろみづけが苦手です。

A とろみづけのコツは、煮立てた煮汁に、煮汁側を混ぜながら水溶き片栗粉を少しずつ加えることです。よく、水溶き片栗粉を回し入れている人を見かけますが、煮汁を混ぜていないと水で溶いた片栗粉が部分的に加熱されてかたまり、ダマになってしまいます。麻婆豆腐は豆腐を寄せて液体をためたところに加えます。また、あらかじめ片栗粉を水で溶いて水をよく染み込ませておき、使うときに下に沈んだ粉を再び混ぜてから加えます。

A 水溶き片栗粉を入れたら、再び煮立ち、全体が透明になるまで火を通しましょう。しっかり火を入れないと粉っぽく舌触りが悪くなります。ただ、火を通し過ぎると、膨らんで糊状になった片栗粉のでんぷんの粒がつぶれたり溶けたりしてとろみが弱くなるので、1分くらいを目安にします。

混ぜるのは煮汁！水溶き片栗粉を少しずつ加える。

透明感が出てくるまで煮る。

かぶのそぼろあん

そぼろあんでかぶをボリュームアップ。

材料（2人分）
かぶ …… 4個（正味300g）
鶏ひき肉 …… 100g
酒、みりん、しょうゆ …… 各大さじ1 1/2
砂糖 …… 小さじ1
水 …… カップ2/3

水溶き片栗粉
　片栗粉 …… 大さじ1
　水 …… 大さじ2

1 かぶは茎2cmを残して切り落とし、根を縦4等分の放射状に切る。耐熱皿に入れ、ラップをふんわりかけて電子レンジで4分30秒ほど加熱する。

2 小さめのフライパンにひき肉、酒を入れ、菜箸3〜4本でよく混ぜてから中火にかける。混ぜながら炒り、肉がポロポロになったら分量の水を加え、煮立ったらみりん、しょうゆ、砂糖を加える。再び煮立ったら水溶き片栗粉を加えてとろみをつける。

3 器に**1**を水けをきって盛り、**2**をかける。

麻婆豆腐

手軽な材料で作る、おうち中華の代表選手。

材料（2〜3人分）

豆腐（きぬごし）…… 1丁（300g）

豚ひき肉 …… 100g

にんにく（みじん切り）…… 小さじ1

長ねぎ（みじん切り）…… 大さじ3

サラダ油 …… 大さじ1

花椒（粒・つぶす）…… 小さじ¼

豆板醤 …… 小さじ½

甜麺醤 …… 大さじ1

水 …… カップ1

酒、しょうゆ …… 各大さじ1

塩 …… 小さじ⅓

こしょう …… 少量

水溶き片栗粉

 片栗粉 …… 大さじ1

 水 …… 大さじ2

ごま油 …… 小さじ1

1 豆腐は軽く水きりし（p.12参照）、2cm角に切る。

2 フライパンにサラダ油を熱し、花椒、にんにくを入れて弱めの中火で炒め、香りが出たらひき肉を入れて強めの中火で炒める。肉の色が変わって透明な脂になったら、中央を空けて豆板醤を入れてよく炒め、香りが出たら甜麺醤を加えて炒め合わせる。

3 分量の水を加え、煮立ったら1を加え、酒、しょうゆを加え、塩、こしょうをふって中火で1〜2分煮る。長ねぎを加え、水溶き片栗粉を加えてとろみをつけ、ごま油を回し入れる。

Q51 卵を自分の好きな加減にゆでるには？

A 昔は水から入れてゆでていましたが、最近は沸騰している湯からゆでるのが主流です。この方法だと、どんな鍋を使っても条件が変わらず、いつも同じゆで加減に！ しかも、卵白がすぐにかたまるため卵殻膜とくっつきにくく、殻がきれいにむけるのです。熱湯に卵を入れるときは、浅いスプーンに卵をのせ、そーっとがポイントです。

冷蔵庫から出したての卵をそーっと入れる。

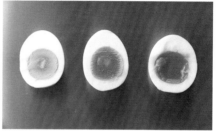

左からほぼ固ゆで（熱湯から12分）、8割方ゆで（熱湯から9分）、半熟ゆで（熱湯から7分）。殻をむくときは、冷水にとってヒビを入れて水の中でむく。
※分数は卵Mサイズの場合。

Q52 豚しゃぶの肉がかたくなるのはなぜ？

A 肉のたんぱく質は約65℃でかたまり始めるので、グラグラと沸騰している湯でゆでると、肉の繊維が締まってかたくなってしまいます。湯を一度沸騰させたら温度を下げ、煮立つか煮立たないかの温度を保ちながら、弱火でゆでましょう。

煮立つ手前の熱湯でゆでると、かたくならない。

A 以前は「ゆで上げた肉は冷水にとる」が通説でしたが、冷水にとって肉を冷やすと肉がかたくなってしまいます。そこで、常温の水にさっと肉を通したらすぐに引きあげ、ざるにあげて水けをきるといいでしょう。この方法なら、必要以上に肉に熱が入らないだけでなく肉の表面が乾燥しないため、なめらかな口当たりになります。

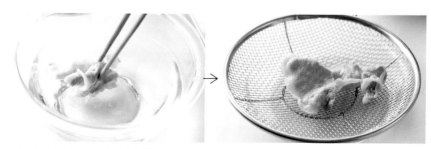

水にさっと通したら、すぐに引きあげる。　　　ざるにあげて水けをきる。

豚しゃぶサラダ

肉にも野菜にも合う、ごま味のドレッシングで！

材料（2人分）

豚ロース薄切り肉（しゃぶしゃぶ用）
　……150g
サニーレタス …… 2〜3枚（60g）
紫玉ねぎ …… 1/4個（50g）
きゅうり …… 1本（100g）
ごまマヨドレッシング
　しょうゆ、マヨネーズ …… 各大さじ1
　白すりごま …… 大さじ1/2
　はちみつ、酢 …… 各小さじ1

1 サニーレタスはひと口大にちぎる。紫玉ねぎは縦薄切り、きゅうりは縦半分に切って斜め薄切りにする。

2 鍋に熱湯を沸かし、温度を煮立つ手前に下げ、豚肉を1枚ずつ入れる。10秒ほど泳がすようにゆで、色が変わったら菜箸で取り上げ、水にくぐらせてすぐにざるにあげ、水けをよくきる。

3 器に**1**を盛り、**2**をのせ、混ぜ合わせたドレッシングをかける。

Q53 野菜は水からゆでる？　熱湯からゆでる？

A 基本的に「根菜は水から」「青菜などは熱湯から」ゆでます。ゆでた後は、ほうれん草などのアクが強い野菜は水にとるのが一般的でしたが、最近のほうれん草はアクが少ないので、私は水にとりません。そのほうが野菜の味が濃く仕上がるからです。野菜のゆで方を下の表にまとめました。塩を入れるか入れないかは、その後の調理やお好みで。

野菜名	熱湯から or 水から	切り方・下処理	ゆで時間	ゆで上げ方
アスパラガス	熱湯	根元を落とし、下側5cmの皮をむき、4〜5cm長さ	1〜2分	流水にさっと通し、ざるにあげる（ゆでっぱなしにすると、表面が乾燥するため）
枝豆	たっぷりの熱湯	さやつきのまま、多めの塩をもみ込む	4〜5分	ざるにあげる
オクラ	たっぷりの熱湯	丸ごと塩少量でこする	さっと（再沸騰するまで）	水にとって冷まし、ざるにあげる
キャベツ	少ない熱湯	ひと口大に切る	ふたをして1〜2分蒸しゆで	ざるにあげる
ごぼう	熱湯	ささがき	1〜2分	ざるにあげる
小松菜・ほうれん草	たっぷりの熱湯	4〜5cm長さに切り、茎と葉に分ける	茎を入れ、ひと呼吸おいて葉を入れる。ひと混ぜし、再沸騰するまでゆでる	ざるにあげる
さやいんげん	たっぷりの熱湯	3〜4cm長さ	2〜3分	流水で冷まし、ざるにあげる
じゃがいも	ひたひたの水	ひと口大に切る	ふたをして火にかけ、煮立ったら弱めの中火で10〜15分	ざるにあげる
とうもろこし	少ない熱湯	皮をむき、丸ごと	ふたをして4〜5分蒸しゆで	そのまま冷まし、粗熱をとる
にんじん	ひたひたの水	細切り	2〜3分	ざるにあげる
白菜	少ない熱湯	ひと口大に切る	ふたをして3〜4分蒸しゆで	ざるにあげる
ブロッコリー	熱湯	小房に分ける	3〜4分	ざるにあげる
もやし	熱湯	できればひげ根を取る	1分	ざるにあげる
れんこん	熱湯	2〜3mm厚さに切る	1〜2分	ざるにあげる

ゆで方編

Q54 パスタをおいしくゆでる方法を教えてください。

A 大きな鍋にたっぷりの湯を沸かし、塩を入れたところにパスタをバーッとほぐし入れます。最初にトングや菜箸などでほぐしたら、その後は触らずに袋の表示通りゆでればOK。湯と塩の量は、パスタ100gに対して1ℓの湯、塩小さじ1が目安です。

パスタは入れたら、くっつかないようにほぐす。

Q55 炒めた具材とパスタがうまくからまず、味がバラバラになってしまいます……。

A 汁けの少ないソースのパスタの場合は、パスタとソースを合わせるときにパスタのゆで汁を加えるといいでしょう。ゆで汁を加えると、全体がうまくまとまります。

ゆで汁の量は2人分で大さじ3〜4が目安。

ズッキーニとしらすのパスタ

この作り方を覚えたら、具材は好きなものでどうぞ！

材料（2人分）
スパゲッティ …… 160g
ズッキーニ …… 1本（200g）
しらす干し …… 40g
にんにく（つぶす）…… 1かけ
赤唐辛子（種を取る）…… 小1本
オリーブ油 …… 大さじ3
塩、こしょう …… 各少量

1 ズッキーニは縦半分に切って5mm厚さに切る。
2 鍋に熱湯1.5ℓを沸かし、塩大さじ1/2（分量外）を入れ、スパゲッティをほぐし入れて表示通りにゆでる。ゆで汁は少し取りおく。
3 フライパンにオリーブ油、にんにく、赤唐辛子を入れて弱火で炒め、香りが出たらズッキーニを加えて中火で炒める。ゆで上がった2、ゆで汁大さじ3〜4を加えて炒め合わせ、味をみて塩、こしょうで調味する。器に盛り、しらすをのせる。

Q56 和食の副菜がいつも
おひたしになってしまいます……。

A あえ衣のバリエーションを増やしましょう。同じ野菜でも、味つけを変えると新鮮に感じます。
あえもの、酢のものの味つけを一覧表にしました。参考にし、毎日の献立に役立ててください。

※あえ衣の分量は、約2人分のときのものです。

あえ衣名	材料＆分量	合わせる素材	備考
からしあえ衣	練りがらし… 小さじ1/2〜1 砂糖… 小さじ1　しょうゆ、水… 各大さじ1	菜の花などの青菜類、 じゃがいも、三つ葉など	
ごまあえ衣	白すりごま… 大さじ1 しょうゆ… 大さじ1/2 砂糖… 小さじ1/2	青菜、アスパラガス、 ブロッコリー、もやし、 にんじんなど	p.84 参照
白あえ衣	豆腐（もめん）…1/2丁（150g） 白練りごま… 小さじ2　砂糖… 大さじ1 塩… 小さじ1/3　しょうゆ… 少量	さやいんげん、ブロッコリー、 アスパラガス、きのこなど	塩ゆでした野菜の水けをよく絞り、あえる。p.85 参照
梅肉あえ衣	梅干し（塩分15％）… 大1/2個（正味10g） 酒、水… 各小さじ1 砂糖… 大さじ1/2　しょうゆ… 小さじ1/2	れんこん、大根、きゅうり、 豚肉、ささ身など	れんこんなどの水分が少ない素材のときは、あえ衣に少量の水を足す
みぞれあえ衣	大根おろし…150g　酢… 大さじ1 しょうゆ、砂糖… 各小さじ1/2 塩… 小さじ1/4	いかや貝などの魚介、 ささ身、ちくわなど	大根300gをすりおろすと約150gになる。水けをよく絞って調味料を混ぜる
二杯酢	酢、しょうゆ… 各大さじ1	きゅうりとわかめなど	
三杯酢	酢、しょうゆ… 各大さじ1 砂糖… 大さじ1/3	野菜全般、 たこやいかなどの魚介など	
甘酢	酢… 大さじ1、砂糖… 小さじ2、塩… 小さじ1/3	野菜、魚介全般	
からし酢	練りがらし… 小さじ1/2　酢… 大さじ1 砂糖… 大さじ1/2　塩… 小さじ1/4	なす、きゅうりなど	水分が少ない素材のときは、水大さじ1/2を足す。p.85 参照
ごま酢	白すりごま、酢… 各大さじ1 しょうゆ… 小さじ1　砂糖… 大さじ1/2 塩… 少量	きくらげ、大根、にんじん、 きゅうり、れんこん、トマトなど	
酢みそ	みそ… 大さじ1 砂糖、酢… 各大さじ1/2 練りがらし… 小さじ1/2	いかや貝などの魚介、 ねぎ、にらなど	
土佐酢	酢、みりん、しょうゆ、酒、水… 各大さじ2 削り節…1袋（3g）	野菜全般、 たこやいかなどの魚介など	鍋に水、調味料、削り節を入れて煮立て、濾して冷ます
浸し地	だし…カップ1/2 酒、みりん、しょうゆ… 各大さじ1/2 塩… 小さじ1/4	焼いたアスパラガス、 ゆでたブロッコリーなど	鍋にだし、調味料を入れて煮立て、バットに移して粗熱をとり、野菜を浸す
ナムル	長ねぎ（みじん切り）、白すりごま、ごま油… 各大さじ1 おろしにんにく、塩… 各少量	にんじん、青菜、なす、 セロリ、もやしなど	

Q57

あえものの味が薄く、おいしくありません。

A あえものは食べる直前にあえるのが基本です。あえてから時間が経つと、野菜から水分が出てきて味が薄まり、水っぽくなってしまいます。また、あえるときは、面倒でなければ調味料を上からかけたほうが、味が全体にまんべんなくからみますよ。

あえるのは食べる直前！ 調味料はできれば上からかける。

Q58

ごまあえがおいしく作れません。

A ごまあえをおいしく作るポイントは、調味料を加える順番です。ごまと調味料を先に混ぜると、ごまが調味料の水分を吸ってダマになってしまい、野菜にうまくからみません。まず野菜を調味料であえ、最後にごまを加えると、全体に味がよくからみます。

調味料であえ、次にごまを加える。

Q59 おひたしの野菜がぐにゃっとしておいしくありません。何が原因？

A 野菜のゆですぎかもしれません。青菜は切ったら、茎、真ん中、葉先に分け、ひと呼吸おいてから湯に入れるを繰り返し（計3回で入れる）、再沸騰したらざるに引きあげるとちょうどいい加減にゆでられます。

再沸騰したら引きあげ、ざるに広げて粗熱をとる。

A 水けを絞りすぎかもしれません。野菜は力いっぱいに絞ると繊維が壊れてぐにゃっとしてしまいます。2回くらいに分け、両手ではさんで軽く絞りましょう。

両手ではさんで、軽く水けを絞る。

ほうれん草のおひたし
割りじょうゆで作る、だしいらずおひたし。

材料（2人分）
ほうれん草 …… 1束（200g）
割りじょうゆ
| 水 …… 大さじ2
| しょうゆ …… 小さじ2
削り節 …… 適量

1 ほうれん草は4〜5cm長さに切り、茎と真ん中と葉先に分ける。
2 鍋にたっぷりの湯を強火で沸かし、グラグラと煮立っている湯に茎の部分を入れ、ひと呼吸おいて真ん中、ひと呼吸おいて葉先を加える。ひと混ぜし、再び沸騰したらざるにあげて広げ、粗熱をとる。
3 2の水けを軽く絞ってボウルに入れ、混ぜた割りじょうゆを加え、さっとあえる。器に盛り、削り節をのせる。

あえもの・サラダ編

ブロッコリーのごまあえ
ごまの香ばしさで、野菜がもりもり食べられる！

材料（2人分）
ブロッコリー …… $\frac{1}{2}$株（150g）
塩 …… 少量
ごまあえ衣
| 白すりごま …… 大さじ1
| しょうゆ …… 大さじ$\frac{1}{2}$
| 砂糖 …… 小さじ$\frac{1}{2}$

1 ブロッコリーは小さめの小房に分け、茎は皮を厚めにむき、縦半分に切って7〜8mm厚さに切る。
2 鍋に熱湯を沸かして塩を入れ、1の茎を入れ、ひと呼吸おいて小房に分けた花蕾を加え、2〜3分色よくゆで、ざるにあげる。
3 あえ衣のしょうゆと砂糖を混ぜる。
4 ボウルに2、3を入れてあえ、すりごまをふり入れ、あえる。

きゅうりと油揚げのからし酢あえ

酸味が利いた、ほの辛さがクセになる。

材料（2人分）
きゅうり …… 1本（100g）
油揚げ …… 1枚（40g）
しょうが（せん切り）…… 1/2かけ
からし酢
| 練りがらし …… 小さじ1/2
| 酢 …… 大さじ1
| 砂糖 …… 大さじ1/2
| 塩 …… 小さじ1/4

1 きゅうりは小口切りにし、塩少量（分量外）をふって5分ほどおき、出てきた水けを絞る。油揚げは油抜きし（p.14参照）、粗熱がとれたら縦半分に切って細切りにする。

2 ボウルに練りがらしを入れ、残りの調味料を加えて伸ばしながら混ぜる。

3 別のボウルに**1**、しょうがを入れ、**2**を加えてあえる。

にんじんの白あえ

野菜にも塩味をつけておくのがコツ。

材料（2人分）
にんじん …… 1本（150g）
白あえ衣
| 豆腐（もめん）…… 1/2丁（150g）
| 白練りごま …… 小さじ2
| 砂糖 …… 大さじ1
| 塩 …… 小さじ1/3
| しょうゆ …… 少量

1 豆腐は軽く水きりする（p.12参照）。

2 にんじんは3〜4cm長さの短冊切りにする。鍋に水カップ2、塩小さじ1（分量外）、にんじんを入れて中火にかけ、沸騰したら2〜3分ゆで、ざるにあげて粗熱をとる。

3 ボウルに練りごまを入れ、**1**を少しずつ加え、フォークでくずしながら混ぜ、残りの調味料を加えて混ぜ、**2**をあえる。

Q60 サラダがワンパターンになりがちです。

A 基本のフレンチドレッシングのほか、まずは和風ドレッシング、中華ドレッシングを覚えましょう。
それ以外のドレッシングもバリエーション豊富にご紹介しますので、野菜との組み合わせを替えて
作ってみてください。どのドレッシングも油以外を先に混ぜ、最後に油を少しずつ混ぜます。

※ドレッシングの分量は、約2人分の材料に対するものです。

ドレッシング名	材料＆分量	合わせる素材	備考
フレンチ ドレッシング	塩… 小さじ$\frac{1}{4}$　粗びき黒こしょう… 少量 酢… 大さじ$\frac{1}{2}$　オリーブ油… 大さじ1	野菜全般	酢の代わりにレモン汁を使っても。レモン汁の場合は、量を小さじ1にする
和風 ドレッシング	しょうゆ… 大さじ1　砂糖… 小さじ$\frac{1}{2}$ 塩… 少量　酢、ごま油… 各大さじ1	水菜や大根などの和野菜に	p.88 参照
中華 ドレッシング	しょうゆ、オイスターソース、酢… 各大さじ$\frac{1}{2}$ ごま油… 小さじ1	水菜、豆苗、豆腐や 厚揚げなどに	
コチュジャン ドレッシング	コチュジャン… 小さじ1 にんにく (すりおろす) … 少量　しょうゆ、酢 … 各大さじ$\frac{1}{2}$　砂糖、ごま油… 各小さじ1	春菊や白菜などの 韓国風サラダに	コチュジャンの量は好みで
ごまじょうゆ ドレッシング	白すりごま、しょうゆ、酢… 各大さじ1 砂糖…1つまみ　ごま油… 大さじ$\frac{1}{2}$	春菊やほうれん草など クセのある野菜に	
ごまみそ ドレッシング	みそ… 大さじ1　砂糖、しょうゆ… 各小さじ1 白すりごま、酢、サラダ油… 各大さじ$\frac{1}{2}$	豆腐や厚揚げ、もやしなどの 味が淡泊な素材に	
玉ねぎ ドレッシング	玉ねぎ (すりおろす) … 大さじ2　塩… 小さじ$\frac{1}{3}$ 粗びき黒こしょう… 少量　酢… 大さじ$\frac{1}{2}$ サラダ油… 大さじ1	野菜全般。トマトだけ、 きゅうりだけ、レタスだけの シンプルサラダにも	
チリ ドレッシング	チリパウダー… 小さじ$\frac{1}{2}$　レモン汁… 大さじ1 塩… 小さじ$\frac{1}{3}$　こしょう… 少量 オリーブ油… 大さじ1$\frac{1}{2}$	とうもろこしやアボカド、 トマト、ミックスビーンズ サラダなどに	p.89 参照
粒マスタード ドレッシング	粒マスタード… 大さじ1$\frac{1}{2}$ 塩、こしょう… 各少量　レモン汁… 小さじ1 オリーブ油… 大さじ1	シーザーサラダや アスパラガス、ブロッコリー、 きのこなどに	p.89 参照
みそ ドレッシング	みそ… 大さじ1$\frac{1}{2}$　砂糖… 大さじ$\frac{1}{2}$ 酢、サラダ油… 各大さじ1	厚揚げやゆで野菜などに	
マスタード ドレッシング	マスタード… 小さじ2　塩… 小さじ$\frac{1}{3}$ こしょう… 少量　酢… 大さじ$\frac{1}{2}$ サラダ油… 大さじ1$\frac{1}{2}$	なすやささ身などに	マスタードはディジョンマスタードがおすすめ
マヨネーズ ソース	マヨネーズ… 大さじ2〜3 塩、こしょう… 各少量　レモン汁… 小さじ1	えびなどの魚介やアボカド、 かぼちゃなどに	かぼちゃなど水分が少ない素材をあえる場合は、牛乳大さじ1を足す
マヨみそ ドレッシング	マヨネーズ、みそ、白すりごま… 各大さじ1 砂糖… 小さじ1　水… 大さじ$\frac{1}{2}$	きゅうりやにんじん、 セロリなどのスティック野菜や 焼き野菜に	
ゆずこしょう ドレッシング	ゆずこしょう… 小さじ$\frac{1}{3}$　水… 小さじ1 塩… 少量　サラダ油… 大さじ$\frac{1}{2}$	豚しゃぶ、ゆでささ身など、 たんぱく質の入ったサラダに	

あえもの・サラダ編

Q61　サラダの野菜をおいしくする方法はありますか？

A　レタスなどの生野菜は氷水に2〜3分さらすと、水分を吸収してシャキッと歯ごたえがよくなります。食べるまでに時間がある場合は、水けをきったらペーパータオルで包んでボウルに入れて冷蔵庫へ。水分が全体にいきわたり、シャキッと感が長持ちします。

氷水にさらしてシャキッとさせる。

すぐ食べないときは、ペーパータオルで包んで冷蔵庫へ。

Q62　ポテトサラダが水っぽくなるのはなぜ？

A　じゃがいもをゆでたときの水分が残っているのではないでしょうか。粉ふきいもにしてからつぶすといいでしょう。その際、じゃがいものおいしさを極力捨てたくないので、かぶるくらいの水（材料がすっかり隠れるくらい）、味つけの塩少量を入れ、ふたをして中火にかけ、煮立ったら弱めの中火で10〜15分ゆでます。じゃがいもに竹ぐしがスーッと通るくらいになったら湯を捨て、中火にかけながら鍋を揺すって水分をとばし、粉ふきにすればホクホクに。にんじんを入れる場合は一緒にゆでます。

じゃがいもは粉ふきに。にんじんも一緒にゆでて！

Q63　生野菜以外のサラダも知りたい！

A　ゆでた野菜、焼いた野菜にドレッシングをかけたサラダもおいしいですよ。きのこなら、レンジ加熱してドレッシングをからめるのもおすすめ。できたての温かいものも、冷やしたものもどちらもおいしいです。

きのこはレンジ加熱がおすすめ。

ポテトサラダ
じゃがいものホクホク感がおいしさの秘訣。

材料（2人分）
じゃがいも …… 2個（300g）
にんじん …… $\frac{1}{5}$本（30g）
きゅうり …… $\frac{1}{2}$本（50g）
玉ねぎ …… $\frac{1}{4}$個（50g）
ゆで卵（ざく切り）…… 1個
A┌ レモン汁 …… 小さじ1
 └ 塩、こしょう …… 各少量
マヨネーズ …… 大さじ4

1 じゃがいもは3cm大に、にんじんは3mm厚さのいちょう切りにする。鍋にじゃがいも、にんじんを入れ、かぶるくらいの水、塩少量（分量外）を加えてゆで、粉ふきにする（p.87参照）。

2 ボウルに**1**を移し、**A**をふってさっと混ぜ、じゃがいもを軽くつぶし、粗熱をとる。

3 きゅうりは小口切りにし、塩少量（分量外）をふって5分ほどおき、しんなりしたら水けを絞る。玉ねぎは薄切りにし、冷水に1〜2分つけて2〜3回もみ、しっかり絞る。

4 **2**に**3**、ゆで卵、マヨネーズを加えてあえ、塩、こしょう各少量（分量外）で調味する。

あえもの・サラダ編

春菊とわかめの和風サラダ
生の春菊の香りを味わう、大人味のサラダ。

材料（2人分）
春菊 …… 1束（100g）
カットわかめ（乾燥）…… 5g
和風ドレッシング
│ しょうゆ …… 大さじ1
│ 砂糖 …… 小さじ$\frac{1}{2}$
│ 塩 …… 少量
│ 酢、ごま油 …… 各大さじ1

1 春菊は葉を摘み、茎は斜め薄切りにする。冷水に3分ほどつけてシャキッとさせ、水けをよくきる。わかめは袋の表示通りもどし、水けを絞る。

2 ボウルに**1**を入れ、混ぜ合わせた和風ドレッシングを加えてあえる。

メキシカンサラダ

プチプチ食感にピリ辛ドレッシングがマッチ。

材料（2人分）
とうもろこし（ドライパック・汁けをきる）…… 100g
トマト …… 1個（150g）
玉ねぎ（みじん切り）…… 1/4個（50g）
アボカド …… 1個（200g）
チリドレッシング
| チリパウダー …… 小さじ1/2
| レモン汁 …… 大さじ1
| 塩 …… 小さじ1/3
| こしょう …… 少量
| オリーブ油 …… 大さじ1 1/2

1 トマトは1cm角に切り、水けをきる。アボカド
  は種と皮を取り除き、1cm角に切る。
2 ボウルに1、とうもろこし、玉ねぎを入れ、混
  ぜ合わせたチリドレッシングであえる。

きのこの粒マスタードドレッシング

きのこをドレッシング代わりに、レタスを食べる！

材料（2人分）
しめじ …… 小1パック（100g）
しいたけ …… 小1パック（100g）
マッシュルーム …… 1パック（100g）
フリルレタス …… 3〜4枚（60g）
粒マスタードドレッシング
| 粒マスタード …… 大さじ1 1/2
| 塩、こしょう …… 各少量
| レモン汁 …… 小さじ1
| オリーブ油 …… 大さじ1

1 きのこは石づきを落とし、しいたけは5〜6mm
  幅に切り、しめじは小房に分ける。マッシュル
  ームは十字に4等分に切る。
2 耐熱ボウルに1を入れ、ラップをふんわりかけ
  て電子レンジで4分加熱し、熱いうちに混ぜ合
  わせた粒マスタードドレッシングであえる。
3 レタスは大きめのひと口大にちぎり、冷水に2〜
  3分つけてシャキッとさせ、水けをよくきる。器
  に盛り、2をのせ、味を見て、塩1つまみ（分量外）
  をふり、混ぜて食べる。

Q64
揚げものは
大量の油の処理が
面倒……。

A 少ない揚げ油で作れる揚げものもたくさんありますよ。直径26cmのフライパンに深さ5mm〜1cmの油があれば十分です。また、少ない油で揚げるなら、厚みがあまりない平たいものが向いています。残った油は炒めものなどに使えば、すぐに使いきれるので後片づけもラクチンです。

少ない油で揚げるときは、春巻きは平たく巻く。

深さ5mm〜1cmの油があれば十分！

フライパンいっぱいに入れると、油の高さが上がり、揚げやすい。

豚ひき肉と野菜の春巻き

下加熱をレンジにまかせるのが、お手軽のコツ。

揚げもの編

材料（10本分）
春巻きの皮 …… 10枚
豚ひき肉 …… 100g
ピーマン …… 4個（160g）
にんじん …… 2/3本（100g）
A ┌ 塩 …… 小さじ1/4
  └ 酒 …… 小さじ1
片栗粉 …… 大さじ1/2
B ┌ 塩 …… 1つまみ
  └ 片栗粉 …… 大さじ1
のり
  ┌ 小麦粉 …… 大さじ1
  └ 水 …… 小さじ2
揚げ油 …… 適量

1 ピーマンはヘタと種を取り、せん切りにする。にんじんは5cm長さのせん切りにする。合わせて耐熱皿に入れ、ラップをふんわりかけて電子レンジで2分加熱する。しんなりしたらざるにあげ、水けをふくと共に粗熱をとる。のりの材料は混ぜる。

2 ボウルにひき肉、Aを入れてよく混ぜ、片栗粉を加えてさらに混ぜる。1のピーマンとにんじん、Bを加え、さらに混ぜる。

3 春巻きの皮に2を等分にのせ、平たい形に巻き、端にのりをつけて留める。

4 フライパンに揚げ油を深さ5mm〜1cm入れて160℃に熱し、3を入れ、途中上下を返しながら中火で6〜7分揚げる。皮が香ばしい色になり、中に火が通るまで揚げる。

鶏むね肉のごま揚げ

揚げているそばから、ごまの香りがふわ～っ！

材料（2人分）

鶏むね肉（皮なし）…… 1枚（200g）

A┌ 酒 …… 大さじ½
 └ 塩 …… 小さじ⅓

白ごま …… 大さじ10（90g）

揚げ油 …… 適量

1 鶏肉は7～8mm厚さの大きめのそぎ切りにし（p.32参照）、Aをからめ、10分ほどおく。軽く水けをふき、全体に白ごまをまぶす。

2 フライパンに揚げ油を深さ5mm～1cm入れて170℃に熱し、1を入れ、2分ほど揚げる。香ばしい色がついたら返し、さらに2分ほど揚げる。

豚天

紅しょうががいいアクセントのおつまみおかず。

材料（2人分）
豚こま切れ肉 …… 200g
紅しょうが …… 40g
塩 …… 1つまみ
衣
│ 水 …… カップ1/2
└ 小麦粉 …… 60g
小麦粉 …… 大さじ1
揚げ油 …… 適量

1 豚肉はひと口大に切り、塩をからめる。紅しょうがは汁けをきる。

2 ボウルに衣の水を入れ、小麦粉を加えて菜箸で軽く混ぜる。

3 別のボウルに**1**を入れ、小麦粉をまぶし、**2**を加えて混ぜる。

4 フライパンに揚げ油を深さ5mm～1cm入れて170℃に熱し、**3**を1/8量ずつスプーンですくって落とし入れる。表面がかたまってきたら、ときどき返しながら中に火が通るまで4～5分揚げる。菜箸を貫通させ、油の通り道を作るとカラッと揚がる。器に盛り、好みで粗塩をふる。

Q65

鶏肉のから揚げを
外はカリッ！
中はジューシーにする
コツは？

A

片栗粉を2回に分けてまぶすと、外カリッ！の
から揚げができ上がります。1回目の片栗粉は
下味をつけた鶏肉にまぶし、5分ほどおきます。
しばらくおくことで、片栗粉が下味の調味料の
水分や鶏肉から出てきた水分をしっかり受け止
めます。2回目の片栗粉は揚げる直前に。すで
に片栗粉がついているので、粉がしっかりつき、
表面がカリッと揚がります。また、油に肉を入
れたら表面がかたまるまでは触らないこと。か
たまらないうちに触ると、せっかくの片栗粉が
落ちてしまい、カリッと感がなくなります。

揚げる直前に2回目の片栗粉をまぶす。

Q66

から揚げの
外側はいい色なのに、
中が生のことが
あります……。

A

揚げ油の温度が高いのかもしれません。から揚
げは、170℃に熱した揚げ油に全量を入れて揚
げるのがカリッ！ のコツです。全量入れると
揚げ油の温度が一度下がり、徐々に温度が上が
っていくうちに肉の中まで火が通り、5〜6分揚
げたころには温度が上がっているため、表面が
カリッとするのです。また、鶏肉は冷蔵庫から
出したての肉を使うのではなく、室温にもどし
てから下味をつけると生焼けが防げます。

全量を入れると、一度温度が下がり、徐々に温度が
上がるため、カリッと仕上がる。

Q67

から揚げの味が薄いです。
本の通りに
作っているのですが……。

A
下味はつけ込まず、肉にしっかりもみ込むと鶏肉の
中まで味が入ります。つけ込むと、浸透圧により鶏
肉の水分も出てきて味が薄まってしまいます。

調味料をしっかり鶏肉にもみ込み、吸い込ませる。

鶏肉のから揚げ

カリッとした衣からジューシーな肉が登場！

材料（2人分）

鶏もも肉 …… 小2枚（400g）

A｜ 酒、しょうゆ …… 各大さじ2
　｜ しょうが（すりおろす）…… 小さじ2

片栗粉 …… 大さじ10（90g）

揚げ油 …… 適量

レモンのくし形切り …… 1切れ

1　鶏肉は余分な脂を取り除き、大きめのひと口大に切って
　ボウルに入れ、**A**を加えて汁けがなくなるまでもみ込む。

2　**1**に片栗粉の半量をしっかりまぶし、5分ほどおく。

3　フライパンに揚げ油を入れて170℃に熱し、**2**に片栗粉
　の残りをまぶして入れる。衣がかたまるまでは触らず、
　表面がかたまったら返しながら、全面カリッとして中に
　火が通るまで7〜8分揚げる。

4　器に盛り、レモンを添える。

Q68

フライ衣がすぐにはがれてしまいます。

具材に小麦粉をしっかりまぶしておくと、溶き卵、パン粉がよくつき、はがれにくくなります。パン粉をつけたら、しっかり手で押さえてなじませるのもポイント。また、卵の代わりに、卵に小麦粉を混ぜたバッター液をつける方法もあります。とんかつやあじフライなど中が生のものは水分が出てくるので、バッター液のように濃度が高く、水分をしっかり吸う衣が向いています。

揚げものの基本は170℃と覚えておきましょう。中までしっかり火を通したいから揚げ、とんかつはすべて170℃です。具材にすでに火が通っているポテトコロッケや里いもコロッケは表面をカラリと揚げればいいので高めの180℃、あまり色づけたくないクリームコロッケ、水分が多い野菜の天ぷらなどは160℃が適温です。

小麦粉のまぶし方が、フライ衣のカギ。

乾いた菜箸を油の真ん中に入れたとき、箸先から軽くシューッと泡が出てくるのが170℃の目安。

Q69

家でも、おいしいフライドポテトを作りたい！

冷たい油にじゃがいもを入れ、中火にかけて10分ほど揚げましょう。冷たい油から入れると、温度が上がる過程でじゃがいもの水分が出ていくため、冷めてもベタつかないフライドポテトができ上がります。これで表面はカリッと中はホクホクに！

冷たい油から揚げるのがカリ、ホクッ！のコツ。

Q70

かき揚げがバラバラにならない
コツってあるの？

A バラバラになるのは衣が薄いのかもしれません。衣は水よりも少し多めの小麦粉を加えます。また、具材に小麦粉をしっかりまぶしてから衣をつけると、この粉がのりの役目をして具材と衣がしっかりとつきます。

天ぷらの衣は、小麦粉：水＝1強：1。

粉をしっかりまぶしてから、天ぷら衣を加えてからめる。

温度が高いと、油に入れた瞬間に具がちらばってしまいます。かき揚げは160℃くらいの揚げ油で揚げましょう。鍋肌に沿わせるようにしてそっと入れ、油に入れたら表面がかたまるまでは決して触らないこと！

鍋肌に沿わせるようにして油に入れる。

油に一度にたくさん入れるのもNGです。たくさん入れると揚げ油の温度が下がり、カラリと揚がりません。かき揚げをはじめ天ぷらは、油の表面積の$1/2$〜$2/3$ずつ油に入れて揚げるようにしましょう。

一度に入れる量はこのくらい。

里いものコロッケ

里いものねっとり感が後を引きます。

材料（2人分・6個分）

里いも …… 3～4個（300g）

しいたけ（5mm角に切る）…… 2枚（50g）

長ねぎ（5mm角に切る）…… 1/3本（30g）

鶏ひき肉 …… 100g

サラダ油 …… 大さじ1/2

A　酒、しょうゆ …… 各大さじ1
　　塩 …… 少量

衣　小麦粉、溶き卵、パン粉 …… 各適量

揚げ油、リーフレタス …… 各適量

1 里いもは皮をきれいに洗って耐熱皿に入れ、ラップをふんわりかけて電子レンジで6～7分加熱する。熱いうちに皮をむき、フォークでつぶす。

2 フライパンにサラダ油を熱し、長ねぎを中火で炒め、しんなりしたらしいたけを加えてさっと炒め、ひき肉を加えて炒める。肉の色が変わったらAを加え、強めの中火にして汁けがなくなるまで炒める。

3 里いもに**2**を加えて混ぜ、塩少量（分量外）で調味する。

4 衣の小麦粉をバットに入れ、**3**を1/6量ずつスプーンで落としてしっかりまぶして形作り、溶き卵、パン粉の順につける。

5 180℃の揚げ油に**4**を入れ、3～4分揚げる。器に盛り、リーフレタスを添える。

ごぼうといわしのかき揚げ

クセが強い素材同士は相性バツグン！

材料（2人分・6個分）

いわし（三枚におろしたもの）…… 1〜2尾分
　（150g・正味70g）

ごぼう …… $\frac{1}{3}$本（75g）

A ┌ しょうゆ、酒 …… 各小さじ1
　└ しょうが（すりおろす）…… 小さじ$\frac{1}{2}$

衣 ┌ 水 …… カップ$\frac{1}{3}$
　└ 小麦粉 …… カップ$\frac{1}{3}$強（40g）

小麦粉 …… 大さじ1

揚げ油 …… 適量

粗塩 …… 少量

1　ごぼうはささがきにし、水に5分ほどつけ、ざるにあげて水けをふく。いわしは斜め1cm幅に切り、Aに10分ほどつける。

2　衣を作る。ボウルに分量の水を入れ、小麦粉を加えて菜箸で軽く混ぜる。

3　別のボウルに汁けをふいたいわし、ごぼうを入れ、小麦粉をまぶし、2を加えて混ぜる。

4　160℃の揚げ油に3をスプーンでひと口大にまとめて入れ、周りがかたまったら返しながら、3〜4分かけてカリッとするまで揚げる。器に盛り、粗塩を添える。

Q71 蒸し器がなくても 蒸し料理は作れますか？

A　ふたがぴったり閉まるフライパンや鍋があれば作れます。地獄蒸しという方法です。フライパンや鍋に水を深さ1cmほど入れ、ペーパータオルを四つ折りにして入れ、その上にアルミ箔をぴったりかぶせた耐熱容器をのせ、ふたをして火にかけます。ペーパータオルを敷くのは器がカタカタいうのを防ぐため、アルミ箔をかぶせるのは水滴が落ちないようにするためです。

カタカタ防止にペーパータオルを敷く。

耐熱容器にアルミ箔をかぶせ、ふたをする。

しゅうまいの場合は、白菜を敷いてのせる。並べてから水を注ぐ。

A　電子レンジでも作れます。魚介の蒸しものなど加熱時間が短いものは、レンジの得意ワザです。きのこやもやしは鍋でゆでるよりも電子レンジのほうがおいしく加熱でき、栄養分も逃げません。ただし、茶碗蒸しなどは加熱ムラができることがあるので、レンジよりもフライパンや鍋で地獄蒸しにする方法が向いているようです。

薄切り肉の蒸しものもレンジで。

魚介と野菜の蒸しもの。手軽でおいしい。

中国風大鉢茶碗蒸し

うまみのある具を入れたら、だしいらず！

材料（直径20㎝、高さ5㎝の耐熱容器1個分）

豚ひき肉 …… 50g

長ねぎ …… 1/2本（50g）

しいたけ …… 2枚（40g）

サラダ油 …… 大さじ1/2

A┌ 酒 …… 大さじ1
 │ しょうゆ …… 大さじ1/2
 └ こしょう …… 少量

卵液

┌ 卵 …… 2個
 │ B┌ 水 …… カップ2
 │ │ 塩 …… 小さじ2/3
 └ └ 酒 …… 大さじ1

1 長ねぎは小口切り、しいたけは石づきを落として5㎜角に切る。

2 フライパンにサラダ油を熱し、長ねぎを入れてさっと炒め、ひき肉を加えて炒め、8割方火が通ったらしいたけを加えて炒める。全体に火が通ったらAで調味し、耐熱容器に入れる。

3 ボウルに卵を溶きほぐし、Bを加えて混ぜ、**2**の耐熱容器に静かに注ぎ、アルミ箔でぴったりと覆う。

4 フライパンに水を深さ1㎝ほど入れ、四つ折りにしたペーパータオルを敷き、**3**を入れる。ふたをして中火にかけ、煮立ってから2分加熱し、弱火にして15〜18分蒸す。表面がふくらんできたら竹ぐしを刺し、澄んだ汁が出てきたら蒸し上がり。

ほたてしゅうまい

ダブルのうまみに、玉ねぎの食感がアクセント。

材料（24個分）

しゅうまいの皮 …… 1袋（24枚）

豚ひき肉 …… 200g

ほたて貝柱 …… 200g

玉ねぎ …… 1個（200g）

A ┌ 塩 …… 小さじ1
  │ こしょう …… 少量
  └ 酒、ごま油 …… 各小さじ2

片栗粉 …… 大さじ2

白菜の葉 …… 適量

しょうゆ、酢、練りがらし …… 各適量

1 玉ねぎはみじん切り、ほたて貝柱は5mm角に切る。

2 ボウルに豚ひき肉、Aを入れ、粘りが出るまでよく練り混ぜ、ほたて貝柱を加えてさらに混ぜる。玉ねぎに片栗粉をまぶして加え、さらに混ぜる。

3 しゅうまいの皮に**2**を等分にのせ（約大さじ1ずっ）、肉だねを小スプーンで皮に押し込むようにして詰め、形を整える。

4 フライパンに白菜の葉をすき間がないように敷き、**3**を離して並べ、フライパンの縁から水カップ2/3を注ぎ、ふたをして強めの中火にかける。煮立ったら弱めの中火にして7～8分蒸す。好みで、しょうゆ、酢、練りがらしなどをつけて食べる。

えびときのこの辛み蒸し

材料に味をからめたら、後はレンジまかせ。

材料（2人分）
えび …… 8尾（180g）
しめじ …… 1パック（100g）
長ねぎ …… 1本（100g）
しょうが（薄切り）…… 1かけ
A ┌ 砂糖、しょうゆ、ごま油 …… 各小さじ1
　├ 塩 …… 小さじ1/3
　├ 豆板醤 …… 小さじ1/2
　└ こしょう …… 少量
片栗粉 …… 小さじ2

1 えびは尾を残して殻を取り除き、背中から包丁を入れて背ワタを取り（p.20参照）、さっと洗って水けをよくふく。耐熱皿に入れ、**A**をしっかりもみ込む。

2 しめじは石づきを落とし、小房に分ける。長ねぎは斜め1cm幅に切る。

3 **1**に**2**、しょうがを加えて混ぜ、片栗粉を加えてさらに混ぜる。粉っぽさがなくなったら、ラップをふんわりかけて電子レンジで5分ほど加熱する。

豚肉の梅ねぎ蒸し

梅干しとねぎで、豚肉をさっぱりといただくレシピ。

材料（2人分）

豚ロース薄切り肉 …… 200g

長ねぎ …… 1/2本（50g）

しょうが（せん切り）…… 1かけ

梅干し …… 大1個（20g）

A　酒 …… 大さじ2
　　塩 …… 少量

1 長ねぎは斜め薄切りにする。

2 耐熱皿に豚肉を入れ、**A**をからめて広げる。長ねぎ、しょうがをのせ、梅干しをちぎってちらし、ラップをふんわりかけて電子レンジで4分ほど加熱する。

3 器に**2**の豚肉をほぐして野菜と盛り合わせ、蒸し汁をかける。

Q72 ホワイトソースがいつも ダマになってしまいます……。

A 玉ねぎなどを炒め、粉をふり入れる方法なら、ダマになりにくく失敗しません。

バターで野菜を炒めたら（ときには肉も炒める）粉をふり、全体によくなじみ、粉っぽさがなくなるまで炒めます。

具材を炒めたところに粉をふり入れる。　　粉っぽさがなくなるまで炒める。

A 牛乳は冷蔵庫から出したての冷たいものを使い、一気に加えるのがコツです。

小麦粉は水分と一緒に加熱すると糊化する性質があります。温かい牛乳を加えると小麦粉の粒が全体にちらばる前に糊化するため、ダマになるのです。冷たい牛乳を加えたらすぐに混ぜて全体に粉をちらし、絶えず鍋底から混ぜましょう。

牛乳は冷たいものを一気に加える。　　筋の跡が残るくらいとろみがつくまで、混ぜながら煮る。

材料（2人分）
えび …… 8尾（180g）
玉ねぎ …… 1/3個（70g）
マッシュルーム
　　…… 1パック（100g）
マカロニ …… 50g
サラダ油 …… 大さじ1/2
白ワイン …… 大さじ1
塩、こしょう …… 各適量
バター …… 大さじ2
小麦粉 …… 大さじ3
牛乳 …… カップ2
パン粉 …… 大さじ2
パルメザンチーズ …… 大さじ2
バター …… 大さじ1/2

1 玉ねぎは薄切り、マッシュルームは石づきを落として厚めの薄切りにする。えびは背ワタと殻、尾を取り、さっと洗って水けをふき、半分に切る。

2 鍋に水カップ3を煮立てて塩小さじ2/3（分量外）を入れ、マカロニを入れて袋の表示より少し長めにゆで、ざるにあげる。ラップをかけて乾燥を防ぐ。

3 フライパンにサラダ油を熱し、えびを入れて中火で炒め、色が変わったら白ワインをふり、塩、こしょう各少量で調味して取り出す。

4 3のフライパンをきれいにし、バターを溶かし、玉ねぎ、マッシュルームを入れて弱めの中火で炒める。玉ねぎが透き通ってきたら小麦粉をふって炒め、粉っぽさがなくなったら牛乳を一気に加え、中火で焦げないように鍋底からよく混ぜ、とろみがつくまで煮る。マカロニ、えびの順に混ぜ、塩小さじ1/2、こしょう少量で調味する。

5 耐熱皿に4を入れ、パン粉、パルメザンチーズをふり、バターを小角に切って散らし、220℃に予熱したオーブンで約20分焼く。

えびマカロニグラタン

バターやチーズの香ばしさとなめらかソースがたまりません。

かきとねぎのグラタン

かきのおいしい煮汁は残さずソースに利用。

材料（2人分）
かき …… 10個（200g）
長ねぎ …… 大1本（150g）
白ワイン …… 大さじ1
バター …… 大さじ2
小麦粉 …… 大さじ3
牛乳 …… カップ1 $\frac{1}{2}$
塩 …… 小さじ $\frac{1}{2}$
こしょう …… 少量
パルメザンチーズ …… 大さじ2

1 長ねぎは斜め5mm幅に切る。

2 かきは洗い（p.20参照）、ペーパータオルで水けをふく。小さめのフライパンに白ワイン、かきを入れ、ふたをして1分30秒ほど蒸し煮にし、ふっくらしたら火を止める。身と煮汁を分け、煮汁は水を足してカップ $\frac{1}{2}$ にする。

3 フライパンにバターを溶かし、長ねぎを入れて弱めの中火で炒める。しんなりしたら小麦粉をふって炒め、粉っぽさがなくなったら牛乳を一気に入れ、中火で混ぜながら煮て、とろみをつける。**2**のかきの煮汁を加え、塩、こしょうで調味する。

4 耐熱皿にかきの身を並べ、**3**をかけ、パルメザンチーズをふり、220℃に予熱したオーブンで15〜20分焼く。